Covid-19

La manipulation Française

Collection
(NE ME CROYEZ PAS !)
Tome 2

Copyright © par Patrick Lalevée

Design de couverture : © Patrick Lalevée

Création Graphique : © Sara Lalevée Robert

Édition : BoD · Books on Demand, 31 avenue Saint-Rémy, 57600 Forbach, bod@bod.fr

Impression : Libri Plureos GmbH, Friedensallee 273, 22763 Hambourg (Allemagne)

www.patricklalevee.com

Dépôt légal : Décembre 2024
ISBN : 978-2-3225-1611-7

Patrick Lalevée

Covid-19
La manipulation Française

Collection
(NE ME CROYEZ PAS !)
Tome 2

« Cette œuvre est protégée par le droit d'auteur et strictement réservée à l'usage privé du client. Toute représentation ou reproduction intégrale ou partielle faite par quelque procédé que ce soit, au profit de tiers, à titre gratuit ou onéreux, sans le consentement de l'auteur ou de ses ayants cause, est strictement interdit et constitue une contrefaçon sanctionnée par les articles L 335-2 et suivants du Code de la propriété intellectuelle. L'Auteur se réserve le droit de poursuivre toute atteinte à ses droits de propriété intellectuelle devant les juridictions civiles ou pénales. »

INFORMATION !

Vous avez entre les mains un ouvrage vous permettant de comprendre avec précision la réalité d'un évènement que nous avons tous vécu. Les investigations menées avec minutie sur le plan local et international, mettent en évidence la réalité de la société actuelle. Les chapitres de « *COVID-19, LA MANIPULATION FRANCAISE* », que vous vous apprêtez à lire, n'ont pas d'ordre de lecture. Ainsi, vous pouvez les lires dans le désordre sans dénaturer la qualité du chapitre ou la compréhension globale de l'ouvrage.

Avec ce QR Code, trouver toutes les cartes et images de cet ouvrage en couleur Grand Format :

Adresse du site de l'ouvrage :
https//www.patricklalevee.com

L'auteur

Patrick Lalevée a toujours eu ce réflexe presque instinctif. Observer, comparer, et surtout ne pas se contenter de la première version que l'on lui donne. Depuis ses débuts d'adolescent écrivain, il a conservé cette habitude de prendre du recul, carnet mental à la main, face aux événements marquants de son époque.

Lorsque la crise du Covid-19 surgit, comme pour beaucoup, il écoute, regarde et note. Les discours changent, les règles évoluent et les certitudes d'un jour deviennent les contradictions du lendemain. Alors il fait ce qu'il a toujours fait. Il cherche à comprendre. Pourquoi ces décisions ? Pourquoi ces messages ? Pourquoi tant d'incohérences apparentes ?

Dans ce second tome, Patrick Lalevée rassemble ses observations, ses recherches et ses interrogations autour de la gestion Française de la pandémie. Son écriture se veut accessible, directe, et toujours guidée par la même idée. Donner au lecteur les éléments nécessaires pour réfléchir par lui-même. Car se poser des questions n'est pas un danger. Ne plus en poser est peut-être le vrai risque.

Dans la même collection \

NE ME CROYEZ PAS !

Tome 1 : Liberté, surpopulation et décadence 2020-2120
Tome 2 : Covid 19, la manipulation Française
Tome 3 : Justice, l'intérêt d'un ordre mondial
Tome 4 : Des règles pour un monde meilleur

Mais comment en est-on arrivé là ?

[Toutes les cartes et images de cet ouvrage sont disponibles en couleur Grand Format sur le site : **https//www.patricklalevee.com**]

La beauté d'une organisation Mondiale, cousu de mensonges bien ficelés.

Patrick Lalevée

Avant-propos

Je n'aurais jamais imaginé devoir un jour rappeler le simple bon sens. Écrire sur la bienveillance, la logique pragmatique, et plus encore, sur la vie elle-même. Et pourtant... La pandémie est passée par là. Si cette période a finalement été bénéfique pour ma fille et moi, elle ne l'a pas été pour tout le monde. La gestion de cette crise par nos dirigeants a été d'une telle médiocrité qu'elle restera gravée dans nos mémoires, et sans doute bien au-delà. De quoi s'agit-il ? Des contraintes absurdes que l'on nous a imposées, soi-disant pour notre sécurité. Des mesures liberticides qui ont réduit le peuple à la soumission, nourries par la peur, le mensonge et parfois l'ignorance. Il a suffi d'un virus réel, certes, mais d'un diagnostic biaisé, pour paralyser tout un pays. Puis la dette a explosé avec ce fameux « Quoi qu'il en coûte ». Les erreurs se sont enchaînées, sans remise en question. Nous n'accepterions jamais de subir une opération à cœur ouvert sans avoir consulté deux ou trois spécialistes indépendants. Pourtant, c'est exactement ce qui s'est produit avec la campagne de vaccination. On nous a demandé de nous faire vacciner sans disposer d'éléments suffisants sur les effets indésirables potentiels à long terme. Ce fut un véritable amateurisme d'État. Comme si une bande d'apprentis gestionnaires, dépassés par l'ampleur de la situation, tentait coûte que coûte de sauver les apparences. « Pas question de reconnaître la moindre incompétence ». Il fallait au contraire afficher assurance et autorité, quitte à exagérer la gravité de la situation. Tout semblait organisé pour justifier des mesures coercitives et inciter massivement la population à accepter un vaccin encore expérimental. Pour éviter d'endosser la pleine responsabilité des décisions prises, l'État a fait appel à des cabinets privés, comme McKinsey. (C'est bien connu, quand on ne sait pas, on délègue, et si les conseillers se trompent, on pourra toujours leur faire porter le chapeau.) Sous le prétexte de la contamination, du décompte quotidien des morts et du matraquage médiatique permanent, la peur s'est installée. Et avec elle, la soumission. Aujourd'hui encore, les effets secondaires graves se multiplient, sans que l'on puisse réellement mesurer les conséquences à long terme. Ce vaccin, présenté comme notre salut, pourrait bien s'avérer être un poison lent. Qui peut dire avec certitude ce qu'il adviendra dans dix, vingt ou trente ans ? Nos descendants en porteront-ils les traces ?

CHAPITRE I

Le Commencement.

Novembre 2019.

1 On nous parle d'un virus qui fait des morts en Chine.

2 Par les médias, on parle de plus en plus du virus et du nombre de morts en Italie. (Et la population s'interroge.)

3 Après la Chine et l'Italie, plusieurs pays d'Europe sont touchés par le virus. (Et la population a peur)

4 Le nombre de morts augmente et chacun des pays est concerné. (Et la population a peur)

5 Le virus se propage sur l'ensemble du territoire, le port du masque devient obligatoire et le confinement

est instauré pour toute la population. « Privation de liberté. » (Et la population a peur)

6 Les médias ne parlent plus que de ça sur toutes les radios et télévisions. (Et la population a peur)

7 Certains médecins mettent en avant des traitements existants, efficaces, mais n'ont pas le droit de les appliquer.

8 Dans la précipitation, des vaccins sont exceptionnellement disponibles mais pas pour tous, laissant ainsi la population s'auto-stimuler pour désirer être vaccinée. (Et dans le stress, la population a peur)

9 Dans les médias, on parle continuellement du virus, des vaccins et du nombre de morts. (Et la population a peur)

10 Les médecins ne sont pas tous d'accord sur le processus à suivre pour cette pandémie. (Et la population a peur)

11 Par les médias, la population est de plus en plus inquiète, les gens ont peur de mourir.

12 Certains scientifiques très pragmatiques alertent sur les effets secondaires inquiétants des vaccins. (Et la population a peur)

13 Des couvre-feux sont mis en place avec des amendes pour le non-respect de la loi. (Et la population a de plus en plus peur)

14 Sous l'influence des autorités, les personnes âgées logées en maisons de retraite se font principalement vacciner et beaucoup en meurent. (Et la population a peur)

15 Les autorités fixent des tranches d'âge pour que la population se fasse vacciner selon les types de vaccins disponibles sur le marché. (Et la population a encore peur)

16 Des centres de vaccination sont ouverts via une application informatique pour être rapidement vaccinés. (Et la population a peur)

17 Les personnes les plus stressées se font vacciner.

(Et le reste de la population se questionne et a peur même du vaccin)

18 Les journaux continuent à parler de la gravité du virus en mettant en avant le nombre de cas en constante augmentation et l'engorgement des hôpitaux. (Et la population a continuellement peur)

19 Les mesures changeantes et incohérentes de nos politiciens inquiètent et entretiennent la peur dans la population.

20 A la veille des vacances scolaires, sous les discours anxiogènes de nos politiciens et du risque de privation de loisirs, le nombre de vaccinés augmente.

21 Pendant les vacances, l'obligation vaccinale est instaurée pour toute la population.

22 Les professionnels dont les salariés ne seraient pas vaccinés feront l'objet d'amendes puis d'arrêt d'activité.

23 Des manifestations contre la privation de liberté commencent à se multiplier. Une partie des citoyens est en colère contre l'état.

24 Afin d'inciter les non-vaccinés à se faire vacciner, les tests PCR ne seront plus remboursés. (Et le climat anxiogène s'aggrave et peu à peu les citoyens s'opposent les uns aux autres)

25 Les non vaccinés accusent l'État de les piéger et du non-respect de leur liberté.

26 Dans certains services hospitaliers, des milliers de lits sont supprimés alors que les besoins augmentent.

27 La vaccination ne diminue pas la pandémie et le nombre de cas repart en hausse. (Et la population vaccinée s'interroge et a peur)

28 Les non vaccinés commencent à être montrés du doigt et sont accusés d'irresponsabilité par les vaccinés.

29 Les politiciens ainsi que les médias incitent de plus en plus la population à se faire vacciner dans son intégralité.

30 Les vaccinés sont convaincus que la vaccination est la seule solution pour éliminer le virus.

31 De nouvelles vagues épidémiques, avec un variant apparaît et malgré une vaccination de la majorité de la population, les hôpitaux sont à nouveau engorgés.

32 Tous les journaux ne parlent que de la Covid-19, sans jamais émettre le moindre doute sur l'efficacité du vaccin.

33 Les non vaccinés sont refoulés de tous les lieux publics. Ils sont critiqués et violentés par des gens vaccinés.

34 Sans résultat concluant sur cette épidémie incontrôlable, les enfants sont maintenant montrés du doigt, car même s'ils ne sont pas infectés, ils sont contaminants.

35 Les politiciens ne respectent pas les mesures barrières qu'ils ont eux-mêmes imposées au peuple.

36 De nombreux médecins précisent l'absurdité de la vaccination des enfants et des personnes sans comorbidité.

37 Au vu du nombre successif de vagues épidémiques, pour justifier de l'inefficacité des vaccins, il sera précisé que ce dernier réduit quand même des cas graves en hospitalisation.

38 Et après………………… ?

Selon les pays, chacun adoptera sa propre méthode, convaincu d'être le meilleur gestionnaire pour éradiquer l'épidémie. Guidés par leurs croyances, entourés de professionnels plus ou moins compétents, les gouvernements observeront leurs voisins avec attention, espérant trouver la meilleure marche à suivre.

Entre restrictions sévères ou allégées, entre vérité scientifique et interprétations hasardeuses, tout aura été tenté sur les peuples.

Pourtant, dans l'ensemble, le scénario restera le même : « **Rien ne sera véritablement efficace.** »

Les prémices expliquer en humour : 😇

Par une journée de fin d'automne, un vilain virus s'échappe d'un laboratoire… A moins qu'un espion américain dans une ruelle sombre ait volontairement ouvert une boîte remplie d'un virus que l'on nommera COVID-19. Par une saison grippale classique, ce virus de fabrication artisanale se fait plaisir tant que possible et saute d'un humain à l'autre pour se protéger du grand froid.

C'est bien connu, les CORONAVIRUS n'aiment pas l'hiver !

Cela se passe en Chine, plus exactement dans la ville de Wuhan. A ce qu'il parait, là-bas, les gens se contaminent presque en se regardant et tombent comme des mouches. Il paraîtrait même que le nombre de morts est extrêmement important et que les autorités Chinoises minimisent le nombre.

Tiens tiens…, c'est déjà bizarre ?????

Dans notre pays, tout va bien, les oiseaux gazouillent et les crapauds coassent.

Nous sommes en novembre et les journaux télévisés commencent à se focaliser sur l'événement. Et toutes les hypothèses pour découvrir la provenance de ce virus sont mises sur la table.

Les médias raffolent de cela. Enfin une véritable enquête à se mettre sous la dent… Et le processus de lavage de cerveau sur la population commence. Dès lors, on commence à nous parler du virus à toutes les sauces. Cela commence sur une chaîne, puis progressivement sur toutes les autres.

Mais d'où vient ce virus ?

- Est-ce le fruit de la nature, un test comportemental à l'échelle humaine d'une divinité quelconque ?
- Est-ce une erreur humaine, le virus s'est-il vraiment échappé d'un laboratoire ?
- Est-ce d'un animal porteur qui aurait muté vers l'Homme ?
- Est-ce le fruit de la création d'un l'Homme riche qui s'ennuie dans la vie ?
- Est-ce le fruit d'un laboratoire pour vendre ses vaccins en masse ?
- Est-ce le fruit d'une expérience qui a mal tourné ou d'une institution mondiale souhaitant limiter l'amplitude humaine ?

Par l'intermédiaire des voyageurs, le virus circule. Il fait escale en Italie où il fait bon vivre, puis, il s'installe pour une durée indéterminée. Telle une abeille qui butine et passe de fleur en fleur, le virus fonctionne de la même manière avec les humains.

« C'est bien connu, les virus imitent les abeilles. »

Dès lors, le virus prend de l'ampleur à une rapidité exceptionnelle. A croire que les Italiens aiment s'embrasser et se toucher toute la journée, puis pour finir, se mélangent le soir et se contamine en se frottant les uns sur les autres.

A moins que ce soit à cause du manque d'hygiène… ?

Personnellement, je n'ai rien vu. J'étais tranquillement chez moi en train de changer une ampoule tout en prenant ma douche.

« C'est mon kif… »

J'ai donc entendu par les médias que le virus était très contagieux et très mortel. Les semaines passent et l'Italie croule sous l'épidémie. Le virus transite alors par la France avec son baluchon. Vous savez, celui rouge avec des points blancs ! Tel un vagabond voyageur.

Avant d'envahir l'Europe tout entière, l'Amérique rit. Ils rit parce qu'ils se croit fort, puissant et invincible. C'est bien connu, le peuple Américain est plus grand, plus fort, plus intelligent, bref supérieur en tout point. Et bien sûr, les virus n'oseraient jamais s'y aventurer …

En France, ce virus décidera de faire une halte dans un rassemblement évangélique afin de se cultiver et de mieux comprendre l'humain. Et c'est dans la ville de Mulhouse qu'il continuera son ascension pour contaminer tout le pays.

Plusieurs foyers épidémiques sont alors identifiés. Nous qui pensions être également supérieurs à nos chers voisins Italiens, nous nous retrouvons bien dans la panade.

Le gouvernement, pris de court, se réunit en urgence. Et après plusieurs réunions d'experts, de comités et de sous-comités, tous plus compétents les uns que les autres, évidemment, la décision tombe. Il faut sauver la population !

Et pour ce faire, on nous ordonne de rester enfermés chez nous. Brillante idée. Le virus, lui, n'aime pas les appartements mal aérés, ni les écrans de télévision.

Les rayons de papier toilette se vident aussitôt, preuve irréfutable que le peuple français a toujours su faire face aux crises avec dignité et discernement. Certains stockent des pâtes pour six ans, d'autres du gel hydroalcoolique pour se désinfecter jusque dans leur endroit les plus intime.

Le tout pendant que les enfants découvrent que leurs parents ne savent pas vraiment ce que « télétravailler » veut dire.

Les jours passent, puis les semaines. On nous explique, avec gravité, qu'il faut « aplatir la courbe ». Personne n'a encore très bien compris quelle courbe, mais tout le monde s'y emploie avec sérieux.

Les joggeurs deviennent suspects, les balcons des scènes de théâtre, et applaudir à 20 heures devient un acte citoyen de haute importance.

Puis vient le moment tant attendu. Le déconfinement. Une libération encadrée, surveillée, mesurée et millimétrée. On peut enfin sortir, mais pas trop loin, pas trop longtemps, et surtout pas sans ce précieux sésame, l'attestation. Un papier magique qui prouve que vous avez le droit de respirer, mais pas n'importe où, ni n'importe quand.

Le virus, lui, continue son petit tour du monde, hilare, observant ces humains se battre pour un mètre de distance et une boîte de masques. Il doit se dire que finalement, la peur est bien plus contagieuse que lui.

SOYONS MAINTENANT UN PEU SÉRIEUX.

Une année suspendue, comme retenue dans un souffle. Le monde entier s'est brusquement arrêté, frappé par un ennemi invisible. Un virus qui a effacé les repères, bouleversé les habitudes et révélé la fragilité de nos existences. Les rues se sont vidées, les frontières se sont refermées, et chacun a dû réapprendre à vivre entre quatre murs.

Ce fut une période de silence et de peur, mais aussi d'introspection. Pour certains, le confinement fut un refuge inattendu, une parenthèse de lenteur et de retour à soi. Pour d'autres, il devint une prison, un huis clos insupportable où se mêlaient solitude, tension et désespoir. Les murs des appartements, les balcons fleuris ou absents, les jardins imaginaires ou réels, ont dessiné de nouvelles frontières sociales et émotionnelles.

On parlait de solidarité, de résilience, de ce « monde d'après » que beaucoup espéraient plus humain. Mais derrière les fenêtres closes, d'autres réalités se jouaient. Des familles en conflit, des corps enfermés, des esprits fragiles, des vies qui vacillaient dans le silence. Certains cherchaient l'échappatoire dans l'alcool ou la drogue, d'autres sombraient dans l'ombre de l'isolement.

C'est de ces vies-là que ce livre parle. De ces fragments d'humanité pris dans la tourmente d'un temps figé, de ces voix qu'on n'a pas toujours entendues, mais qui ont pourtant dit quelque chose d'essentiel sur ce que nous sommes.

Durant cette période, nos représentants affirment que le masque n'offre aucune protection contre le virus. Qu'il ne servait qu'à éviter de contaminer autrui lorsqu'on était soi-même malade. Dans le même temps, les discours politiques se multipliaient, préparant peu à peu la population à accepter les restrictions à venir, présentées comme nécessaires pour garantir la sécurité collective, même au prix de certaines libertés individuelles.

Et puis, un soir, la phrase est tombée, solennelle, martelée par le chef de l'État :

« Nous sommes en guerre »

Cette situation, d'une gravité inédite, fait naître l'inquiétude et la confusion. Et le peuple s'interroge. Pour certains, cette crise vient rompre la monotonie d'une existence trop ordinaire, apportant un frisson d'inattendu, presque d'excitation. Pour d'autres, elle devient le signe annonciateur de la fin du monde, un prétexte pour nourrir peurs et prophéties.

Certains, au contraire, demeurent impassibles, comme anesthésiés par l'ampleur des événements. Mais pour beaucoup, sans doute la majorité, il s'agit avant tout de protéger les leurs, de préserver leur famille face à une menace invisible et incomprise.

À tous les niveaux, la peur s'installe. Silencieuse d'abord, puis diffuse et omniprésente. Elle s'insinue dans les foyers, les conversations et les gestes les plus simples du quotidien.

La phrase « Nous sommes en guerre » donne alors la pleine légitimité au chef de l'état de créer un conseil de défense.

S'appuyant sur les recommandations et les arguments de l'Organisation mondiale de la santé (OMS), le gouvernement met alors en place un dispositif décisionnel dont le fonctionnement devient de plus en plus opaque. Peu à peu, sans immédiatement s'en rendre compte, le peuple réalise que toutes les décisions seront « **tenues secrètes.** »

En France, cette confidentialité porte un nom. « Le SECRET-DEFENSE ».

L'OMS aidant à y voir plus clair, les mesures seront prises par notre gouvernement.

Voici la chronologie de l'action de l'OMS entre le 31 décembre 2019 et le 18 mars 2020.

31 décembre 2019
La Commission sanitaire municipale de Wuhan, dans la province de Hubei (Chine) signale un groupe de cas de pneumonie. Un nouveau coronavirus est ensuite identifié.

1er janvier 2020
L'OMS met sur pied une équipe d'appui à la gestion des incidents (IMST) aux trois niveaux de l'Organisation : Siège, bureaux régionaux et bureaux de pays, plaçant l'Organisation en état d'urgence pour affronter la flambée.

4 janvier 2020

L'OMS signale sur les médias sociaux l'existence d'un groupe de cas de pneumonie, sans décès, à Wuhan, dans la province du Hubei.

5 janvier 2020
L'OMS publie son premier bulletin sur les flambées épidémiques consacré au nouveau virus. Il s'agit d'une publication technique phare pour les milieux scientifiques et de la santé publique, ainsi que pour les médias du monde entier. Elle comporte une évaluation des risques et des conseils, et se fait l'écho de ce que la Chine a indiqué à l'Organisation concernant l'état de santé des patients et la riposte mise en place en matière de santé publique face au groupe de cas de pneumonie à Wuhan.

10 janvier 2020
L'OMS publie un ensemble complet d'orientations techniques en ligne ainsi que des conseils à l'intention de tous les pays sur la manière de détecter, de dépister et de prendre en charge les cas potentiels, sur la base de ce que l'on sait du virus à ce moment-là. Ces orientations sont transmises aux directeurs chargés des situations d'urgence dans les bureaux régionaux, qui les

transmettront aux représentants de l'OMS dans les pays.

Les données factuelles alors disponibles laissent penser « qu'il n'y a pas de transmission interhumaine ou que celle-ci est limitée ». Sur la base de l'expérience acquise lors des flambées de SARS-CoV et de MERS-CoV, et des modes de transmission connus des virus respiratoires, des orientations de prévention et de lutte anti-infectieuse sont publiées pour protéger les agents de santé, recommandant d'appliquer les précautions contre les gouttelettes et relatives aux contacts lors des soins aux patients, et les précautions aériennes lors de l'exécution par les agents de santé d'actes générant des aérosols.

11 janvier 2020
La Chine communique publiquement la séquence génétique du virus de la COVID-19.

13 janvier 2020
Les autorités confirment un cas de COVID-19 en Thaïlande, premier cas signalé hors de Chine.

14 janvier 2020
Lors d'un point presse, la responsable technique de l'OMS chargée de la riposte indique qu'il

pourrait y avoir une transmission interhumaine limitée du coronavirus (dans les 41 cas confirmés), principalement entre membres d'une même famille, et qu'il existe un risque d'épidémie de grande ampleur. La responsable note que la transmission interhumaine ne serait pas surprenante compte tenu de l'expérience que nous avons des virus responsables du SRAS et du MERS, ainsi que d'autres agents pathogènes des voies respiratoires.

20 et 21 janvier 2020
Les experts OMS du bureau de l'Organisation en Chine et du bureau de la Région du Pacifique occidental effectuent une brève visite de terrain à Wuhan.

22 janvier 2020
La mission de l'OMS en Chine publie une déclaration indiquant que des données probantes attestent d'une transmission interhumaine à Wuhan mais que de plus amples investigations sont nécessaires pour comprendre toute l'ampleur de la transmission.

22 et 23 janvier 2020

Le Directeur général de l'OMS convoque un comité d'urgence au titre du Règlement sanitaire international (RSI 2005) pour déterminer si la flambée constitue une urgence de santé publique de portée internationale. Les membres indépendants venus du monde entier qui composent le comité d'urgence ne parviennent pas à un consensus sur la base des données disponibles à ce moment-là. Ils demandent la convocation d'une nouvelle réunion du comité dans un délai de 10 jours, sachant que davantage d'informations seront alors disponibles.

28 janvier 2020
Une délégation de haut niveau de l'OMS conduite par le Directeur général se rend à Beijing pour rencontrer les dirigeants chinois, en apprendre davantage sur la riposte menée par la Chine, et offrir l'assistance technique nécessaire.

Pendant son séjour à Beijing, le Docteur Tedros convient avec les autorités gouvernementales chinoises de la visite en Chine d'une équipe internationale de scientifiques éminents. Leur mission étant de mieux comprendre le contexte et la riposte globale, et d'échanger informations et données d'expérience.

30 janvier 2020
Le Directeur général de l'OMS convoque à nouveau le comité d'urgence, soit avant la fin du délai de dix jours et deux jours seulement après les premiers signalements de transmission interhumaine limitée hors de Chine. Cette fois, le comité d'urgence parvient à un consensus et considère, dans l'avis qu'il transmet au Directeur général, que la flambée constitue une urgence de santé publique internationale (USPPI). Le Directeur général accepte cet avis et déclare que la flambée de nouveau coronavirus (2019-nCoV) constitue une USPPI. Depuis l'entrée en vigueur du Règlement sanitaire international (RSI) en 2005, c'est la sixième fois que l'OMS déclare une USPPI.

Dans son rapport de situation du 30 janvier, l'OMS signale un total de 7818 cas confirmés dans le monde, pour la plupart en Chine, 82 cas étant signalés dans 18 autres pays. L'évaluation du risque par l'OMS le situe à très élevé pour la Chine et à, élevé au niveau mondial.

3 février 2020
L'OMS diffuse le Plan stratégique de préparation et de riposte de la communauté internationale

pour aider à protéger les États où les systèmes de santé sont fragiles.

11 et 12 février 2020
L'OMS organise un Forum sur la recherche et l'innovation concernant la COVID-2019, auquel participent plus de 400 experts et bailleurs de fonds du monde entier et au cours duquel George Gao, directeur général des CDC de Chine, et Zunyou Wu, épidémiologiste en chef des CDC de Chine prennent la parole.

16 et 24 février 2020
La mission conjointe OMS-Chine, qui se compose d'experts venant d'Allemagne, du Canada, des États-Unis d'Amérique (CDC, NIH), du Japon, du Nigéria, de République de Corée, de Russie et de Singapour, séjourne à Beijing et se rend également à Wuhan et dans deux autres villes. Ses membres s'entretiennent avec les autorités sanitaires, les scientifiques et le personnel soignant des établissements de santé (en respectant les règles de distanciation physique).

11 mars 2020

Profondément préoccupée à la fois par les niveaux alarmants de propagation et de sévérité de la maladie, l'OMS estime que la COVID-19 peut être qualifiée de pandémie.

13 mars 2020
Lancement du Fonds de solidarité pour lutter contre la COVID-19, afin de recueillir les dons de personnes privées, d'entreprises et d'institutions.

18 mars 2020
L'OMS et ses partenaires lancent l'essai « SOLIDARITY », un essai clinique international qui vise à générer des données solides provenant du monde entier pour trouver les traitements les plus efficaces contre la COVID-19.

***

Dans un contexte placé sous le sceau du secret-défense nationale de nos politiciens, nul ne pourra connaître les décisions prises en interne avant plusieurs décennies. En cas d'erreur, tout restera classé, empêchant ainsi toute transparence. Les décisions demeureront inaccessibles, évitant par avance d'éventuelles procédures judiciaires en cas d'actes jugés immoraux ou injustifiés de la part du président.

Au début de l'année 2020, un professeur de renommée mondiale, exerçant à l'Institut Hospitalo-Universitaire Méditerranée Infection de Marseille, traite en urgence plusieurs centaines de patients atteints de la Covid-19, avec des résultats encourageants.

Il identifie alors deux molécules ayant, selon lui, contribué à l'amélioration de l'état des malades, appelées, « <u>L'Hydroxychloroquine et le Remdesivir</u>. »

Ce scientifique français, le professeur Didier RAOULT, n'en est pas à sa première alerte. Le (2 avril 2003), il avait déjà remis à la présidence de la République un rapport de mission évoquant la possibilité d'une future pandémie mondiale et proposant des mesures préventives. À l'époque, ce document était resté lettre morte, éclipsé par d'autres urgences nationales, notamment la canicule, qui avait causé de nombreux décès parmi les personnes âgées.

Tout au long de sa carrière, Didier Raoult s'est illustré par ses recherches et ses prises de position audacieuses. En janvier 2020, avec ses confrères de l'IHU, il conduit de nouveaux essais cliniques dont les premiers résultats semblent prometteurs. Plusieurs patients ayant présenté une nette amélioration.

Cependant, le climat change rapidement. Les critiques se multiplient, accusant le professeur d'avoir recours à un traitement jugé dangereux et de présenter des analyses biaisées. Les autorités sanitaires s'emparent du dossier, tandis que certains de ses collègues français le critiqueront publiquement.

Dans les jours qui suivent, l'hydroxychloroquine, pourtant utilisée depuis les années 1960 dans le traitement de diverses maladies (comme le lupus ou le paludisme), est interdite pour soigner les patients atteints de la Covid-19. Les autorités invoquant un risque de toxicité dans les doses identifiés.

Pourtant, ailleurs dans le monde, plusieurs médecins et chercheurs affirment avoir obtenu des résultats similaires à ceux du professeur RAOULT, grâce à des protocoles médicamenteux proches, relançant ainsi débat scientifique et public.

- Le Dr Jean Jacques Erbstein à Crehange, auteur du livre : **« Je ne pouvais pas les laisser mourir ! »** aux éditions JDH.

- Le Dr Christian Perronne à Garches, auteur du livre : **« Décidément, ils n'ont toujours rien compris ! »** aux éditions ALBIN Michel.

Les effets de l'azithromycine associée au zinc semblent stupéfiants. Ces différentes pistes paraissent très prometteuses. Pourtant, le Conseil de l'Ordre des médecins ordonnera rapidement la fin de ces annonces, au motif que ces praticiens ne respectent pas les directives gouvernementales.

Le professeur Raoult se défendra en expliquant que les dosages utilisés lors des essais cliniques menés par l'Inserm, l'OMS, les NIH, Oxford, l'ANSM et le ministère de la Santé n'étaient pas appropriés. Selon lui, les protocoles d'analyse avaient été mal conçus et mal réalisés. Or, comme pour tout médicament, un surdosage ou une méthodologie inadéquate peut effectivement mettre des patients en danger.

Par la suite, aucun médecin ne remettra en doute la validité de ces essais. Malheureusement, ces traitements, peu coûteux à produire et facilement disponibles en grande quantité, seront pourtant interdits pour soigner la Covid-19.

Le premier confinement en France a eu lieu de **mars à mai 2020**. Mais d'autres pays opteront pour des stratégies différentes, en fonction des périodes habituelles de circulation de la grippe saisonnière classique.

Il faut bien comprendre qu'arrêter l'activité d'un pays tout entier anéantit son économie. Pourtant, les cours de la bourse, eux, n'ont cessé de grimper.

Et les plus riches, sont soudainement devenus encore plus riches.

« Tiens donc… »

Le confinement, décrété au nom de l'urgence sanitaire, a immédiatement assigné chaque citoyen à résidence. Il restait toutefois possible de sortir, à condition d'être muni d'une attestation dérogatoire que chacun devait remplir soi-même, sous peine d'une amende de plus en plus élevée en cas de récidive.

La majorité de la population, en confiance, a respecté ces consignes, prenant très au sérieux la gravité de la situation. Les directives officielles recommandaient simplement de rester chez soi. Et en cas de fièvre, de prendre du paracétamol. (Ces consignes ont clairement été diffusées en direct à la télévision et rediffusées sur chacun des réseaux sociaux.)

Pendant cette période, en raison de l'impossibilité de consulter un médecin, faute de soins, les personnes les plus vulnérables, âgées ou souffrant de comorbidités, ont été les premières victimes.

Chaque jour, les médias diffusaient le bilan macabre des décès liés à la l'épidémie, sans jamais évoquer les autres drames du confinement. Les violences, les suicides, les abus ou encore la dépressions des personnes fragiles, handicapées ou isolées.

On parlait aussi de ceux qui vivaient coupés de tout extérieur. Sans jardin ni balcon. Ceux pris dans des conflit familiaux, enfermés par obligation, ou encore de ceux isolés, fragiles, déconnectés du monde, sombrant peu à peu dans la détresse et parfois même, à travers l'alcool ou la drogue.

> *« Comme si l'impact psychologique de ce confinement mondial ne comptait pas. »*

Faut-il être dénué d'amour et d'empathie pour inventer des règles aussi liberticides ?

Partout, des citoyens se soulevaient. Il y avait des manifestations, des plaintes et des protestations. Beaucoup dénoncent ces mesures présentées comme protectrices, mais perçues comme disproportionnées.

Ces politiques, gouvernant par la peur, ne laissent aucun espace à l'espérance, surtout pour les plus fragiles. Non seulement ils mentent, mais ils improvisent, tâtonnant dans le brouillard et sans vision claire de l'avenir.

Rien ne semble réellement défini. Ils avancent à vue, au jour le jour, au gré des chiffres et des discours changeants.

Les personnes âgées, censées être protégées, se retrouvent, elles aussi enfermées. Confinées comme tout le monde, mais plus seules que jamais. Privées de la chaleur d'une visite, d'un regard ou d'une étreinte, elles s'éteignent lentement.

Beaucoup meurent de tristesse ou de solitude, davantage que de la maladie elle-même.

Les médias montraient des hôpitaux débordés, des soignants à bout de forces et des visages marqués par l'épuisement. Mais ils oubliaient souvent de rappeler que ces mêmes infirmiers, médecins et aides-soignants dénonçaient depuis des années le manque de moyens, les salaires dérisoires et les effectifs insuffisants.

Par souci d'économie, on avait instauré le service minimum. On avait fermé des cliniques, fusionné des services et supprimé des lits, sans jamais envisager l'imprévu. Et puis soudain, patatras. Une épidémie surgit, violente et implacable. Il faut accueillir des milliers de malades avec trop peu de lits, trop peu de bras et trop peu de matériel.

La situation déjà fragile, devient alors « DRAMATIQUE ».

Mais dramatique à cause de quoi ?

À cause de qui ?

Du manque d'anticipation de nos dirigeants ?

De leur manque de jugement, de leur impréparation, et de leur manque de professionnalisme ?

/ Dans une voiture, il y a une roue de secours pour pallier une crevaison. (C'est une sécurité.)

/ Nous avons tous un réfrigérateur et des réserves pour la semaine et parfois pour le mois. (C'est une sécurité.)

/ Nous faisons le plein d'essence avant d'entreprendre un long trajet. (C'est une sécurité.)

/ Nous coupons l'électricité avant d'intervenir sur une installation. (C'est une sécurité.)

Et pourtant, face à une pandémie, le pays n'avait **aucune sécurité**.

N'est-il pas de la responsabilité de nos représentants d'anticiper afin de pallier ce genre d'imprévu ?

S'ils avaient réellement voulu combattre la pandémie, n'aurait-il pas été plus judicieux de mobiliser massivement les médecins réservistes, les soignants retraités, de construire des structures provisoires, des hôpitaux de campagne équipés de lits, comme l'avaient fait les Chinois ?

Le chef de l'État, qui refusait jusque-là d'augmenter les salaires du personnel médical, dut reconnaître, contraint par l'évidence, que sans eux, les gens meurent.

Durant cette période d'inquiétude, les dirigeants politiques se succédaient sur les écrans, multipliant les allocutions et les promesses. Ils tentaient de rassurer, de donner le change, d'enrober la peur d'un vernis de contrôle. Semaine après semaine, de nouvelles mesures étaient annoncées, présentées comme des sacrifices nécessaires. Des gestes citoyens.

Et toujours, dans un ton grave, presque messianique, ils répétaient :

> « *Le confinement n'est pas facile, mais tenez bon.* »

Tout en précisant face caméra :

> **« LA BÊTE DE L'ÉVÉNEMENT EST LÀ, ET ELLE ARRIVE. »**

Ok Ok. No problem !

Mais au fait, avons-nous suffisamment d'informations de la part de nos propres scientifiques pour ne pas nous tromper de diagnostic ?

Car, si l'on se trompe, et que peut-être, c'est un virus grave qui va se résorber de lui-même avec le temps, qui va payer les crédits et les salaires si tout le monde est immobilisé ?

Comment allons-nous vivre sans argent, si personne ne travaille ?

Pas de panique, notre représentant du peuple a tout prévu. Il va demander à ses amis du FMI, le Fonds monétaire international, de fabriquer des billets.

Oui... Des billets de banque. Beaucoup de billets.

Sous la forme d'un crédit national colossal. D'un GIGANTESQUE CRÉDIT, contracté au nom du peuple français. Et ainsi, le gouffre de la dette s'est creusé davantage. Près de 600 milliards d'euros partis en fumée. Votre argent. NOTRE ARGENT. Un gaspillage historique, en théorie justifié au nom de l'urgence sanitaire, mais sans véritable discernement, sans contrôle sérieux et sans vision à long terme.

Ce président a utilisé ces sommes pour masquer son incapacité à raisonner avec bon sens. Son manque de discernement, et surtout son refus obstiné de s'entourer de véritables spécialistes, plutôt que de faire confiance aux compétences locales, à nos chercheurs, à nos ingénieurs et à nos médecins, il a préféré se tourner vers des sociétés privées étrangères, souvent plus préoccupées par leurs intérêts financiers que par la santé publique.

Ces décisions, prises dans la précipitation et des concertations biaisées, ont creusé un fossé entre le pouvoir et le peuple, entre la logique économique et le bon sens collectif. Elles ont montré à quel point nos dirigeants pouvaient être déconnectés du terrain, enfermés dans une bulle où les conseils d'experts indépendants sont remplacés par les lobbies et les contrats confidentiels.

« Et aujourd'hui, la France s'enfonce. »

Près de 600 milliards d'euros de dette supplémentaire ce sont envolés simplement parce qu'il a voulu arrêter le pays. En un claquement de doigts, l'économie a été mise à l'arrêt, les entreprises paralysées, les salariés confinés, et les comptes publics vidés.

Tout cela, au nom d'une gestion improvisée, sans anticipation et sans stratégie à long terme.

Une facture vertigineuse que devront payer nos enfants, nos familles, nos générations futures. Mesdames, Messieurs, nous avons un président comptable…

<u>Mais un comptable incapable de compter comme un bon père de famille.</u>

En réalité, il ne s'agit que d'une simple ligne informatique, avec des zéros ajoutés dans un ordinateur central. Officiellement, c'est pour nous aider à tenir bon, à patienter jusqu'à des jours meilleurs. Mais en pratique, c'est un nouveau crédit colossal, qui s'ajoute à tous les précédents, et que le pays devra rembourser un jour.

Tiens, … je croyais qu'on n'avait plus d'argent, et qu'il fallait se serrer la ceinture ?

Nous auraient-ils menti toutes ces années ?

Finalement, vivre au-dessus de ses moyens semble très simple. Il suffit de faire un crédit pour rembourser le précédent, et le tour est joué. Et cela peut continuer indéfiniment, de génération en génération.

Sympa pour nos enfants. Ne trouvez-vous pas ?

Pendant ce temps, les citoyens voient leur salaire provisoirement maintenu, et les entreprises en difficulté reçoivent des aides d'État qu'ils devront rembourser un jour.

[C'est une solidarité à crédit, et non une aide gratuite !]

Dure période pour tous ceux qui ont investi leurs économies pour créer une entreprise juste avant la crise. Sans chiffre d'affaires antérieur, ils n'auront droit à aucune aide. Les économies d'une vie… envolées. Des rêves brisés et des années d'efforts réduites à néant.

Bravo pour cette gestion exemplaire !

Et n'oublions pas que ces entreprises devront quand même rembourser leurs prêts. Et en cas d'impossibilité, les saisies immobilières se multiplieront, et de nombreuses faillites suivront. Mais ça, nous supposons qu'ils le savent déjà, puisque c'est eux qui ont mis en place ces mesures.

En réalité, nos représentants sont très malins. Un peu trop centrés sur eux-mêmes, mais très malins. Après tout, tant que leurs mandats tombent, le reste… peu importe.

Et si tout cela n'avait pas été un simple hasard ?

Cette pandémie semble, pour certains, avoir représenté bien plus qu'une crise sanitaire. Une occasion inespérée, presque orchestrée, pour bouleverser les équilibres mondiaux, redessiner les règles, et imposer une nouvelle vision du monde.

Derrière le chaos apparent, certains y voient la main d'investigateurs invisibles, de stratèges de l'ombre qui auraient su utiliser la peur comme levier. Un prétexte parfait pour transformer nos sociétés, affaiblir les résistances, et façonner l'avenir à leur convenance.

Selon plusieurs chercheurs américains, cette crise pourrait même avoir ouvert la voie à des conséquences inattendues, comme la fragilisation accrue de l'humain dans son environnement, voire, pour les plus alarmistes, l'altération progressive de la fertilité mondiale. Qu'il s'agisse d'une coïncidence ou d'une stratégie, une chose est certaine, le monde d'après ne sera plus jamais le même.

Si, un jour, il s'avère que nos dirigeants ont été influencés par d'autres intérêts, la vérité finira par sortir. Et pour se défendre, ils diront peut-être que tout cela était un sacrifice nécessaire. Quelques morts par-ci ou par-là, noyées dans les statistiques. On appellera cela un mal nécessaire, un détail de l'histoire humaine, justifié par un prétendu avenir meilleur.

Les plus fragiles seront alors décédé. C'est triste, mais c'est pour le bien commun.

> « *C'est dans l'ordre des choses, diront-ils.* »

Nous sommes mortels. Et cela, depuis la naissance. La mort fait partie de la vie. Chaque jour, des hommes, des femmes et des enfants malades, fragiles, ou porteurs de comorbidités, se battent pour vivre.

Mais est-il raisonnable de vivre cloîtrés, isolés, reclus, sous prétexte d'être « protégés » ?

Cependant, l'isolement ne protège pas toujours. Et certaines personnes, surtout les plus vulnérables psychologiquement, voient leur état se dégrader. Et parfois encore, la solitude mène au désespoir, jusqu'à penser à la mort.

Parmi celles qui restent isolées, certaines voient leur détresse se transformer en violence. Un père agressif, une mère à bout de nerfs, des cris, des coups. Quand on enferme des individus ensemble, tout peut arriver. Le meilleur comme le pire.

Chaque année, en France, on dénombre :

- Plus de 600 000 morts.

- Près de 1,700 décès par jour.

- Et plus de 57 millions dans le monde.

Heureusement, pour la pérennité de l'espèce humaine, ces pertes sont en partie compensées par les naissances. Ainsi va le cycle de la vie. Certains partent et d'autres arrivent. En espérant, pour chacun de ces nouveaux êtres, une existence longue, libre et en bonne santé.

Les personnes en EHPAD (Établissements d'Hébergement pour Personnes Âgées Dépendantes) comptent parmi les plus fragiles de notre société. Leur espérance de vie après l'entrée en établissement varie en moyenne entre 1 et 4 ans.

Pourquoi un laps de temps si court ?

Sans doute à cause du choc émotionnel, de la perte de repères, du manque de soins adaptés, ou encore du manque de considération.

Ces personnes âgées, celles que nous serons un jour, ont souvent été laissées à l'abandon. Enfermées dans leur chambre, sans visites, dans la monotonie, l'isolement, la violence morale, l'absence d'activités et parfois même d'humanité. Dans certains établissements, tout semble tourner autour de l'argent. Un business facile, pendant que des résidents vivent dans des conditions indignes, laissés sans soins pendant des jours.

Que font nos représentants pour éviter cela ?

Ont-ils réellement pris en compte la condition humaine dans ces lieux censés être des havres de soin et de dignité ?

Faut-il ne pas avoir de cœur pour agir ainsi ?

Pourtant, la limite n'est pas encore atteinte. La torture psychologique s'installe et se généralise. Insidieuse, invisible, mais bien réelle.

Pendant le confinement, d'innombrables patients atteints de cancer n'ont pas été soignés à temps. D'autres, souffrant d'obésité, de diabète, de troubles cardiaques, d'hypertension, de maladies respiratoires, rénales ou neurologiques, ont vu leur état se dégrader, parfois jusqu'à la mort, faute de suivi médical.

Les hôpitaux, saturés par la peur d'un seul virus, ont oublié qu'il existait d'autres souffrances, d'autres urgences et d'autres vies en jeu.

Mais au fait, y a-t-il un véritable médecin parmi nos politiciens ?

Quelqu'un qui comprenne réellement la douleur, la maladie, le besoin de soin ?

Ne nous auraient-ils pas dit : « **En cas de fièvre, prenez du paracétamol** » ?

Et ainsi, beaucoup de nos concitoyens l'ont cru. Dociles et confiants.

Combien ont aggravé leur état ?

Combien ne se sont pas déplacés pour consulter leur médecin ?

Combien sont morts seuls, chez eux ou dans une salle d'attente bondée ?

Nos hôpitaux, déjà en tension, ont été submergés. La réduction du nombre de lits, le manque de personnel et la fuite des vocations ont transformé le système de santé en champ de bataille.

> « *Et pendant ce temps, la question essentielle demeure.* »

Que vaut une société qui prétend sauver la vie, mais oublie de la respecter ?

NE CROYEZ PAS TOUT CE QUE L'ON VOUS DIT.
<u>SANS PREUVE.</u>

> (Quel que soit le statut de la personne en face de vous. Qu'il soit un politicien, un avocat, un employeur ou le maire de votre ville. Car chacun peut se tromper. Volontairement ou involontairement. Si vous ne réfléchissez pas par vous-même ou si vous êtes trop manipulable, les conséquences peuvent être graves... Parfois fatales.)

Malheureusement, les jeunes ont aussi souffert de cette conjoncture désastreuse. Par la peur, l'anxiété, la colère, le stress, la tristesse, l'absence d'amour ou de tendresse et la perte de repères. Tout cela a été largement ressenti par les jeunes du monde entier, victimes de mesures souvent inadaptées.

Un sentiment de perte de repères, un avenir incertain, une jeunesse en stand-by et des études compromises pour beaucoup.

Dans ce contexte, les politiques ne donnent aucun espoir, aucune vision d'avenir. Ils gouvernent par la peur, sans anticipation ni stratégie claire.

> *« La santé mentale est quelque chose à prendre très au sérieux. »*

Mais qui s'en soucie ?

L'être humain a besoin de réconfort, de stabilité, de joie. Dans cette pandémie, la peur constante de perdre ses proches perturbe profondément. L'isolement devient une habitude, l'insociabilité se banalise. Et les addictions explosent. Alcool, tabac et drogues.

Il n'y a pas de santé physique sans santé mentale. Pourtant, certains médias et politiciens semblent n'avoir qu'une seule obsession. La Covid-19. Les autres maladies, celles liées à la pandémie ou non, semblent inexistantes pour eux.

Depuis janvier 2020, l'OMS (Organisation mondiale de la Santé) concentre les études et analyses, organise des réunions de crise et conseille les États sur la santé publique mondiale. Ils sont les sachants. Ils savent et ils préconisent.

Mais nous, citoyens, que savons-nous ?

Selon eux, rien. Nous ne comprenons rien. Nos politiciens sont soit des victimes, soit des maillons d'une chaîne destinée à nous manipuler.

Et si finalement, nos dirigeants se faisaient mener par le bout du nez par l'OMS ?

Et si l'OMS elle-même était influencée par certains laboratoires pharmaceutiques ?

Globalement, l'OMS centralise l'information épidémique mondiale et conseille les pays.

Mais peut-on leur faire pleinement confiance ?

Sont-ils impartiaux ?

N'ont-ils pas de conflits d'intérêts avec des entreprises de santé ?

Dans cette vague de pandémie, heureusement rare, certains laboratoires et scientifiques s'engouffrent dans la brèche. Les médecins, en tant que sachants, donnent leur interprétation, leurs théories personnelles. Mais tous n'ont pas le même discours sur les mesures sanitaires, la gravité du virus ou les choix thérapeutiques.

Même sur les plateaux télévisés, les avis divergent. Et dans le monde scientifique, il arrive malheureusement que des expériences soient truquées, des études biaisées et des résultats falsifiés.

> « Et dans les méandres de la science, les fraudes s'accumulent. »

Y a-t-il des limites à ces pratiques douteuses ?

Quel est leur intérêt ?

Parmi les scientifiques, certains sont obsédés par la reconnaissance et la popularité. Ils sont souvent stimulés par la compétition et la jalousie entre chercheurs, ce qui peut facilement les pousser à franchir la ligne rouge.

Il n'est pas rare que des articles scientifiques soient retirés après publication. Rien qu'en 2017, plus de 1 000 articles ont été retirés, selon le site **Retraction Watch**. Un record inquiétant et en constante progression.

Par le passé, de très nombreuses erreurs ont été commises dans des disciplines telles que la biologie moléculaire, la génétique, l'immunologie, la neurophysiologie, la neuroanatomie, l'épidémiologie et la pharmacologie. Ces erreurs ont touché la prévention, le diagnostic, le dépistage, la pratique médicale, et bien d'autres domaines encore.

- Pour Aristote, le cerveau était une sorte de radiateur qui servait à refroidir le sang.

- Aristote et Hippocrate insistaient sur le fait que l'activité mentale était concentrée au centre du corps humain.

- En 1903, le professeur français René Blondlot était convaincu d'avoir découvert les rayons N. Un hypothétique rayon censé pouvoir augmenter la luminosité.

- En 1912, le crâne d'une espèce humaine inconnue nommée Piltdown fut découvert par l'archéologue Charles Dawson. Durant plusieurs dizaines d'années, cette énorme supercherie fut entretenue.

- Albert Einstein a fait l'erreur de penser que l'Univers est statique. Il fut démontré en 1929 par Hubble que l'Univers est en expansion.

- En 1935, le professeur John Kolmer mit au point un vaccin antipoliomyélitique testé sur des enfants. Certains sont morts et d'autres développèrent une paralysie sur le bras de l'injection dans les lieux où il n'y avait aucune épidémie de polio.

- Entre 1945 et 1960, le médicament Pentamine fut administré à des personnes en prévention de la maladie du sommeil. Il y eut de nombreux morts et deux tiers de gangrènes de la fesse à la suite de piqûres de Lomidine.

- Dans les années 1950, l'utilisation de la Thalidomide alors prescrite aux femmes enceintes comme médicament antiémétique fut catastrophique sur la croissance des embryons, ce qui fit des milliers d'enfants atteints de graves malformations des membres. Le produit ne fut retiré du marché qu'après plusieurs années d'utilisation.

- L'invention du cathétérisme par Werner Forssmann pour accéder au cœur par une veine n'a pas été acceptée par le corps médical dénonçant ce procédé comme insensé et dangereux. Après cela, il a été contraint à changer de profession. Mais quelques années après, ce procédé fut copié par André Frédéric et Dickinson Richards qui reçut un prix Nobel en 1957.

- Durant la période du XXe siècle, Trofim Lyssenko a truqué l'ensemble de ses données pour étayer sa théorie de la transmission à caractère héréditaire annonçant qu'on pouvait transformer à volonté une espèce en une autre.

- Dans la période des années 1960 à 1980, le corps médical mettait en évidence la fin des maladies infectieuses dans le monde, grâce à l'hygiène individuelle, l'éducation pour la santé, l'assainissement public, les antibiotiques, etc… Cette annonce s'effondrera dans le courant des années 1980 avec l'émergence du SIDA et d'autres nouvelles maladies.

- Le dermatologue William Summerlin, chercheur en immunologie, prétendit pouvoir réaliser des transplantations d'organes entre des souris d'espèces distinctes. En 1974, un scandale éclata lorsqu'il apparut qu'il avait utilisé des souris portant des taches noires réalisées à l'aide d'un simple marqueur.

- Dans les années 1990, la communauté scientifique affirme qu'aucun nouveau neurone ne se forme jamais dans le cerveau d'un adulte. Elisabeth Gould démontrera le contraire par ses expérimentations en 1999.

- Le célèbre Stephen Hawking atteint d'une sclérose latérale amyotrophique à l'âge de 21 ans, fut diagnostiqué par son médecin pour avoir une vie limitée à 2 ans. Il décédera à l'âge de 76 ans.

- En 2004, le produit Vioxx commercialisé par Merck est retiré du marché après avoir été conclu qu'il pouvait contribuer à 27 785 crises cardiaques et morts subites entre 1999 et 2003.

- En 2006, le produit Torcétrapib commercialisé par Pfizer est retiré du marché après avoir été conclu qu'il y avait un risque accru de mortalité, dû à des maladies coronariennes chez les personnes utilisant le torcétrapib. Cela a provoqué une augmentation aigue de la pression artérielle et une augmentation aigue des stéroïdes plasmatiques surrénaliens.

- En 2018, divers lots de comprimés de Valsartan sont contaminés par la N-Nitrosodiméthylamine, une molécule potentiellement cancérogène. Du fait de sa contamination toxique, le produit a fait l'objet d'un rappel.

Et tant d'autres expériences truquées, études biaisées, résultats falsifiés, fraudes scientifiques, fausses déclarations, et analyses bricolées qui ne sont pas encore répertoriées.

Que pouvons-nous en déduire, parfois plusieurs années après ?

Il faut distinguer la fraude scientifique de l'erreur. Pourtant, certains scientifiques persistent dans leur erreur, même après qu'une fraude ait été constatée, sans doute pour garder la tête haute devant un public qui ignore tout du domaine. Et parfois aussi, un chercheur est condamné pour fraude, puis réhabilité des années plus tard ou à titre posthume.

Les erreurs scientifiques ne sont pas rares. Et pour un scientifique, admettre son erreur est presque impossible. La vigilance est donc indispensable. L'humain scientifique n'est pas différent de l'humain ordinaire. Il y a des fraudeurs et des manipulateurs partout.

Qui nous garantit que les connaissances d'aujourd'hui ne seront pas les erreurs de demain ?

Pourquoi croire aveuglément les scientifiques alors qu'ils peuvent se tromper comme tout le monde ?

Dans 5, 10, 15 ou 20 ans, les nouvelles générations de chercheurs critiqueront sans doute ce que les anciens affirment aujourd'hui.

Pour limiter les risques, il faudrait exclure des débats ceux impliqués dans des escroqueries ou des conflits d'intérêts, et ne garder que les chercheurs sincères, impartiaux et jamais condamnés. Or, ce travail de contrôle n'a certainement pas été effectué pendant la pandémie.

Il suffit qu'un laboratoire renommé, ou non, publie un rapport d'analyses potentiellement faussé, bourré d'erreurs, pour que toutes les institutions se rangent derrière l'avis de l'OMS dans la précipitation. Si l'OMS se trompe ou prend parti, tout le monde suit comme des moutons. Nos représentants deviennent des moutons obéissants. Les assemblées nationales, les sénats, et même des pays entiers comme la France se rangent derrière ces décisions.

Comment nos institutions, censées représenter nos voix et l'intérêt du pays, peuvent-elles valider des mesures politiques sans obtenir la moindre preuve scientifique de l'efficacité des vaccins ou des mesures sanitaires ?

Au début, les médias invitaient tous ceux capables de fournir une information correcte. Mais face aux contradictions entre scientifiques sur les plateaux, certains médias ont choisi de ne plus inviter ceux dont l'avis divergeait, pour « ne pas perturber la population ».

Résultat, seules certaines voix, séduisantes et convaincantes à l'écran, étaient relayées. Les débats contradictoires ont été évincés, et l'orientation médiatique s'est concentrée sur une seule direction.

Soutenir aveuglément les mesures politiques et les recommandations de l'OMS.

En se focalisant sur une seule idée, diffusée partout et en continu, la population n'avait d'autre choix que de suivre cette direction. C'est humain.

Qui aurait pu être interrogé sur le virus Civid-19, autrement que par des médecins généralistes ou des experts médiatiques ?

Les BIOLOGISTES, experts du terrain et spécialistes des virus et de ses mécanismes, auraient pourtant été les mieux placés pour expliquer les causes et leurs conséquences. Chacun dans sa compétence et dans sa spécialité.

Pendant ce temps, nous subissions le confinement, le couvre-feu, puis le reconfinements. Et les mesures liberticides se multipliaient. La Chine, championne du confinement, élimine tout risque par le principe de précaution.

Mais derrière cette rigueur, y a-t-il un autre objectif ?

Protéger la population ou contrôler le peuple ?

La densité de population et les grandes agglomérations en Chine nécessitent effectivement des règles strictes pour limiter les mouvements, les violences et les désordres. Mais dans d'autres pays, les mesures strictes pourraient servir d'autres intérêts. Par exemple, soumettre la population à une obéissance absolue, l'inciter à rester casanière, réduire le trafic, les affluences et les manifestations.

Dans ce contexte, la liberté humaine se réduit à rester chez soi comme un gentil toutou, pour sa sécurité et celle des autres. Et si l'on osait sortir, l'accusation tombait aussitôt :

> *« Vous êtes un potentiel meurtrier, capable d'infecter une autre personne et de provoquer sa mort. »*

Dans les médias, nous devenons spectateurs de règles annoncées par des politiciens dont l'amateurisme semble varier selon l'interprétation des risques du moment. Fort heureusement, durant cette année 2020, difficile pour tous, plusieurs laboratoires dans différents pays sont en pleine course pour un vaccin libérateur. Une course silencieuse mais intense, où chaque équipe vise le GRAAL.

Plusieurs laboratoires sont alors en compétition. Et la palme revient à la RUSSIE, suivie de très près par la CHINE. Si la Chine reste discrète, la Russie n'hésite pas à se faire connaître. La machine de guerre commerciale est lancée.

- Le premier vaccin au monde contre la Covid-19 est : « **RUSSE.** »

La nouvelle devrait provoquer une joie mondiale. Pourtant, l'Europe reste froide, pour des raisons que l'on ignore ou peut-être parce qu'un autre plan est en jeu. Il est toujours surprenant de constater la méfiance européenne envers la Russie, ce pays fascinant, mystérieux et généreux, aux paysages grandioses.

L'annonce de ce vaccin russe sera examinée par l'Europe, laissant la population dans l'attente et l'espoir d'une sortie de crise. Puis, le dernier jour de 2020, l'OMS annonce avoir homologué le vaccin à ARNm Pfizer/BioNTech via la procédure d'urgence.

> « *Un tout nouveau vaccin issu d'une technologie jamais vraiment utilisé sur l'homme.* »

À cette annonce, les médias saluent unanimement l'efficacité du vaccin, sans mentionner les risques potentiels. Il était écrit :

« La mise au point d'un vaccin sûr et efficace prend du temps, mais grâce à l'investissement sans précédent dans la recherche, le développement et à la coopération mondiale, les scientifiques ont pu développer un vaccin contre la COVID-19 en un temps record, tout en maintenant des normes réglementaires rigoureuses, solides et fondées sur des preuves. »

La Russie, elle, reste digne et discrète. Elle a développé quatre vaccins, non reconnus par l'OMS, mais approuvés dans près de 55 pays (Algérie, Argentine, Biélorussie, Bolivie, Émirats Arabes Unis, Hongrie, Iran, Mexique, Palestine, Paraguay, République de Guinée, Turkménistan, Venezuela…). Selon des experts indépendants, le Spoutnik V est efficace à environ 92%, sans effets indésirables graves ni allergies sévères. Le vaccin chinois Sinovac, lui, serait efficace à environ 35%, mais ne sera pas reconnu par l'Europe.

Ainsi, le vaccin devient un produit commercial, source de profits pour les laboratoires et leurs actionnaires. D'autres vaccins seront développés dans les mois suivants, certains non validés par l'OMS, mais largement utilisés ailleurs. Certains d'entre eux présenteront même moins d'effets secondaires que le Spoutnik V.

Cette pluralité de vaccins pose un réel problème pour les citoyens ayant besoin de voyager. Ceux-ci doivent parfois se faire vacciner selon les protocoles du pays d'accueil, en plus de ceux de leur pays d'origine. Le citoyen peut se retrouver obligé de recevoir plusieurs doses, de vaccins différents, selon les frontières traversées.

[Étonnamment, personne n'a jamais vraiment abordé cette question !]

Quelles sont les conséquences d'une pluralité de vaccins dans un même organisme ?

Que devient un citoyen coincé entre différents protocoles nationaux ?

Sous l'influence des représentants et des médias, répétant chaque jour la gravité de la situation par le nombre de morts, les populations sombrent dans l'angoisse et la perte d'espoir. Les conséquences psychologiques de cette anxiété persistante peuvent mener à des comportements irrationnels.

La population se retrouve alors naturellement divisée en plusieurs groupes.

- **Le groupe des primitifs,** (qui ont peur du virus et croient tout ce qu'on leur dit)

- **Le groupe des confiants,** (qui croient les représentants, les médias télévisés et les médecins)

- **Le groupe des perplexes,** (qui ne sont pas convaincus par de simples mots, sans garantie, ni preuve, ni recul)

- **Le groupe des réfractaires,** (qui refusent toute imposition par conviction ou principe)

Le groupe des primitifs n'a pas tort d'accorder une confiance presque aveugle à ceux qui prétendent vouloir leur bien. Cependant, ces personnes, innocentes au point de ne pas pouvoir faire de mal à une mouche, peuvent, sans le vouloir, servir de cobayes. Ce sont peut-être les plus sensibles d'entre nous. Alimentés par la peur instillée par les médias, l'angoisse, l'inquiétude et les incertitudes les plongent souvent dans une profonde déprime. Les primitifs sont purs et gentils, toujours prêts à croire ce qu'on leur raconte. Ils deviennent fréquemment les victimes de ceux qui cherchent à les manipuler. S'il existe un vaccin pour ne pas mourir, ce sont eux qui se feront vacciner en premier.

<u>Le groupe des confiants</u>, lui, est plutôt sceptique par nature. Il tend à faire confiance, mais a besoin de validation par le chef ou par la majorité pour agir. Pour se décider, le confiant attend un alignement d'avis. Si la majorité des médias, soutenue par des médecins, affirme qu'il faut se vacciner, et que le président ou les ministres le recommandent, alors il suivra et se fera vacciner.

<u>Le groupe des perplexes</u> se méfie des politiciens, des médias et des avis divergents des médecins. Le perplexe a une mémoire plus fine et recherche la certitude, surtout dans le domaine de la santé. Ayant déjà constaté des contradictions dans les discours, il écoute toutes les informations, d'où qu'elles viennent. Tant qu'aucune garantie sur l'absence de complications futures n'existe, il refusera de se faire vacciner. Pour lui, l'objectif est clair. Vivre longtemps et en bonne santé, sans courir le risque d'un cancer ou d'autres effets secondaires graves. Il n'est pas contre les vaccins, mais seulement pour ceux développés dans les règles de l'art. Il exige des preuves que ce produit injecté dans son corps ne sera pas un poison à retardement. Pour le perplexe, les incohérences des politiciens, les divergences entre médecins et la partialité des médias nourrissent une méfiance totale.

Enfin, le groupe des réfractaires est composé d'insoumis. Rien à voir avec le parti politique. Ce sont des combattants irréductibles, de véritables résistants. Ils vivent généralement en toute tranquillité sans déranger personne. Déçus à plusieurs reprises par les politiciens, une fois la confiance rompue, elle ne se rétablit jamais. Rien ne peut les faire changer d'avis. Ils sont prêts à mourir dans la bataille plutôt que de risquer de mourir à petit feu ou dans la souffrance à cause d'un vaccin sans garantie. Les réfractaires revendiquent le droit de vivre en liberté, parfois en autarcie. Pour eux, se voir imposer l'injection d'un produit étranger dans leur corps équivaut à une violation de leur intégrité.

***

Dans nos différences, est-il raisonnable de nous diviser et de nous déchirer ?

Bien évidemment que non.

Nous sommes tous indispensables. Tous uniques, beaux et bons. Quelle que soit la place que nous occupons, face à ce virus, la peur est partout. Croyants ou non, du groupe primitif au groupe réfractaire, nous partageons tous le même désir. Vivre heureux et en harmonie.

Seulement, nous ne savons pas toujours comment y parvenir. Certains ont peur par conviction et cherchent un responsable, d'autres ont peur pour d'autres raisons, et cherchent aussi un coupable. Selon les convictions, l'avenir donnera raison à certains et tort à d'autres. Mais aux dernières nouvelles, rien ne semble véritablement scientifique.

> Quand la science ne peut pas être catégorique et nous fournir des certitudes, nous rassurant sur l'absence de risque pour notre santé future, alors il faut continuer les essais pour obtenir un meilleur produit.

Peut-on reprocher à quelqu'un de s'inquiéter d'un nouveau vaccin développé par des laboratoires ayant été plusieurs fois condamnés pour charlatanisme ?

La réponse est NON.

Nos politiciens, ont-ils tort de tout miser sur le vaccin ?

Difficile à dire.

-Si l'on se base sur une approche formelle, la réponse serait « **oui** »

-Si l'on se base sur une approche théorique, la réponse pourrait être « **non** »

Nos dirigeants, sommairement compétents dans le domaine de la santé, n'ont pas d'autre choix que de faire confiance aux professionnels médicaux. Or, ces experts ne sont pas eux-mêmes tous d'accord.

Quels laboratoires scientifiques sont réellement impartiaux pour conseiller nos représentants ?

Et existe-t-il des laboratoires de recherche totalement exempts d'intérêts privés ?

« Dans une pandémie, les intérêts du peuple passent avant tout. La base est de ne faire confiance à personne sans preuve. »

Ici, il ne s'agit pas d'un simple jeu de société. Dans la vraie vie, les décisions ont des conséquences directes et parfois terribles sur la vie des peuples. Avancer à l'aveugle est inconscient.

Ainsi, l'Italie confine, puis l'Espagne, l'Irlande, la France, ainsi que d'autres pays.

CHAPITRE II

Une Organisation Improvisée.

8 mars 2020, le premier confinement.

L'Italie fut la première à confiner l'intégralité de son territoire. L'Espagne et l'Irlande suivirent le 15 mars, la France le 17 mars, la Belgique le 18 mars, l'Écosse et l'Allemagne le 22 mars, puis le Royaume-Uni le 23 mars, et ainsi de suite dans le monde.

Si l'on observe attentivement cette succession de décisions, on remarque qu'elles relèvent davantage du suivisme que d'une véritable stratégie fondée sur des preuves scientifiques solides. Comme bien d'autres nations, <u>la France semble avoir agi par imitation</u>, sans disposer de données concrètes justifiant la nécessité de confiner tout un pays.

Le confinement global apparaît alors comme une mesure prise sous l'effet de la panique et de la spéculation politique. Et, en cas d'échec, chaque dirigeant pouvait se retrancher derrière une excuse bien commode. « <u>Nous n'étions pas les seuls à le faire.</u> »

Pourtant, dans une société qui se veut éclairer, il ne viendrait à l'idée d'aucun parent responsable de dire à ses enfants de croire aveuglément tout ce qu'ils entendent à l'extérieur. La vérité, dans tout domaine, repose sur des preuves. Non sur des interprétations, des émotions ou des rumeurs.

Alors, une question se pose :

L'OMS est-elle réellement impartiale ?

Est-elle financée, directement ou indirectement, par des intérêts privés ?

Dispose-t-on de rapports totalement objectifs, clairs et sans ambiguïté pour guider les décisions mondiales ?

Pendant que ces interrogations demeuraient sans réponse, plusieurs laboratoires obtenaient des autorisations exceptionnelles pour commercialiser leurs vaccins. Pfizer, BioNTech, Moderna, puis Janssen.

Une course effrénée s'engagea alors entre les États pour acquérir ce prétendu produit miracle, convaincus de sa nécessité, mais sans certitude absolue de son efficacité.

Nul ne sembla se soucier des condamnations passées de certains laboratoires, ni des liens d'intérêts entre médecins, institutions et entreprises. Encore moins de la composition exacte de ces vaccins ou de leurs effets à long terme.

<u>Et si finalement, tout cela cachait un lent poison ?</u>

Des milliards furent débloqués, creusant davantage les dettes publiques, au bénéfice d'une industrie pharmaceutique déjà largement soutenue par l'argent des contribuables.

Dans un tel contexte, il serait parfaitement légitime d'exiger de cette industrie qu'elle libère ses brevets pour le bien commun. Car en cas de pandémie mondiale, n'est-il pas logique de partager la méthode de fabrication d'un vaccin efficace afin de sauver un maximum de vies dans le monde ?

Cela serait simplement du bon sens.

Mais il semble que l'argent prime sur l'humain, et que la volonté de conserver l'exclusivité économique l'emporte sur l'urgence sanitaire.

> *« Pour qu'un vaccin soit mis sur le marché, un parcours dense et complexe doit être réalisé avant toute diffusion au public. »*

Différentes phases sont donc indispensables avant d'être diffusé au grand public. Pour s'assurer que le vaccin est efficace et non-dangereux, le produit doit être testé afin d'éviter tout risque d'effets secondaires critiques chez l'humain.

Cela commence par des essais pré-cliniques sur des animaux. Prenons l'exemple d'une souris transgénique « Oncosouris ». Elle a une espérance de vie d'un peu moins de 2 ans, ce qui correspond à environ 80 ans pour l'homme.

Les souris génétiquement modifiées peuvent nous apporter rapidement des indices sur l'évolution d'un vaccin. 7 années de vie humaine équivalent à environ 2 mois pour une souris (soit environ 3,5 années humaines pour 4 semaines de la vie d'une souris). Cette échelle permet de mesurer en quelques mois, voire quelques semaines, les risques potentiels d'un vaccin sur le long terme.

Viennent ensuite les trois phases cliniques :

En phase 1, le but est de vérifier la nocivité et la tolérance du patient. Elle a une durée de 1 an minimum.

En phase 2, le but est de vérifier le bon dosage pour obtenir la meilleure capacité de réponse immunitaire. Elle a une durée de 1 an minimum. Puis elle est testée sur un groupe plus important afin de vérifier la durabilité du vaccin et le nombre de doses. Elle a une durée de 2 ans minimum.

Dans la phase 3, les essais sont réalisés sur un grand nombre de volontaires, avant une pré-commercialisation. Une fois terminé et seulement en fin de cette phase, le laboratoire peut solliciter l'autorisation de mise sur le marché.

Au total, un vaccin sérieux exige en moyenne quatre années de recherche et de validation.

« *Réduire ce temps accroît nécessairement le risque d'erreur.* »

       Dans ce cas, il est possible que ces vaccins s'avérer inefficaces, partiellement fonctionnels, ou encore parfaitement performants.

Seul le temps peut confirmer leur innocuité !

Dans le doute, en cas d'échec, il faudra bien des arguments solides pour rassurer ou convaincre les peuples. Et les laboratoires savent manier l'art de la justification. Ainsi, si l'efficacité des vaccins venait à être contestée, il leur suffirait d'évoquer l'apparition d'un **variant imprévu**, un ennemi invisible arrivé sans prévenir, pour expliquer l'échec ou la baisse d'efficacité. Une parade parfaite, presque attendue, dans une logique où chaque imprévu devient une opportunité d'adaptation ou d'excuse.

Dès novembre 2020, deux vaccins, Pfizer/BioNTech et Moderna, entraient déjà dans la phase 3 des essais cliniques, dernière étape avant la mise sur le marché. Leur particularité résidait dans l'utilisation d'une technologie totalement nouvelle. L'ARN messager (ARNm), jusque-là jamais déployée à grande échelle sur l'humain.

Un troisième vaccin, celui d'AstraZeneca, reposait quant à lui sur un vecteur viral à base d'adénovirus, une approche plus classique, déjà utilisée pour d'autres maladies.

Le 23 décembre 2020, la HAS (Haute autorité de santé) émet alors un rapport de recommandations de 102 pages dans lequel est indiquée la stratégie de vaccination contre la Covid-19, selon les données accessibles. En page 8, il est clairement indiqué que : « *L'indication délivrée par l'autorisation de mise sur le marché conditionnelle du vaccin Pfizer/BioNTech dans* « *l'immunisation active pour prévenir la COVID-19 causée par le virus SARS-CoV-2 chez les personnes de 16 ans et plus* » *et les données d'efficacité cliniques et de sécurité disponibles à ce stade pour ce vaccin (efficacité sur les formes symptomatiques de COVID-19 **et non sur sa transmission**)*. »

Le 29 janvier 2021, la mise sur le marché européen de ces trois vaccins sera autorisée. Peu après, un quatrième vaccin viendra s'ajouter à la liste. Le Janssen, développé par l'entreprise Américaine Johnson & Johnson. Ce vaccin, à vecteur viral, présente l'avantage de ne nécessiter qu'une seule injection. Et contrairement à ses prédécesseurs, sa conservation ne requiert pas de très basses températures. Les autorisations de mise sur le marché ont été délivrées par l'EMA (Agence Européenne du Médicament) le 11 mars 2021.

Pour rappel, à cette époque, tous ces vaccins restent au stade expérimental.

Sous la pression et l'urgence exercée par les sociétés pharmaceutiques, notamment sur la FDA (Food and Drug Administration), ces vaccins seront autorisés pour mise sur le marché d'urgence, sans certitude absolue quant à leurs effets secondaires à long terme ni à leur efficacité réelle.

L'OMS communiquera ces informations à l'ensemble des pays, et l'EMA validera ensuite ces autorisations sur la base des données disponibles. Dans la foulée, les gouvernements nationaux appliqueront les préconisations pour la distribution locale, après avoir payé les doses achetées aux laboratoires.

L'urgence sanitaire a donc bousculé toutes les bonnes pratiques.

Mais peut-on réellement garantir que le travail effectué dans ces conditions reste irréprochable ?

Parallèlement, on rappelait que les essais cliniques se poursuivaient à travers le monde.

La logistique du vaccin Pfizer-BioNTech était particulièrement complexe. Il devait être transporté dans des super-congélateurs à -80°C, puis déplacé vers les centres de vaccination dans des contenants isothermes, et enfin acheminé par des camions frigorifiques jusqu'aux points d'injection. Pendant toute cette dernière phase, et jusqu'à l'administration, le produit devait être maintenu entre 2 et 8°C.

Dans le tableau ci-dessous, le processus du cheminement pour janvier 2021.

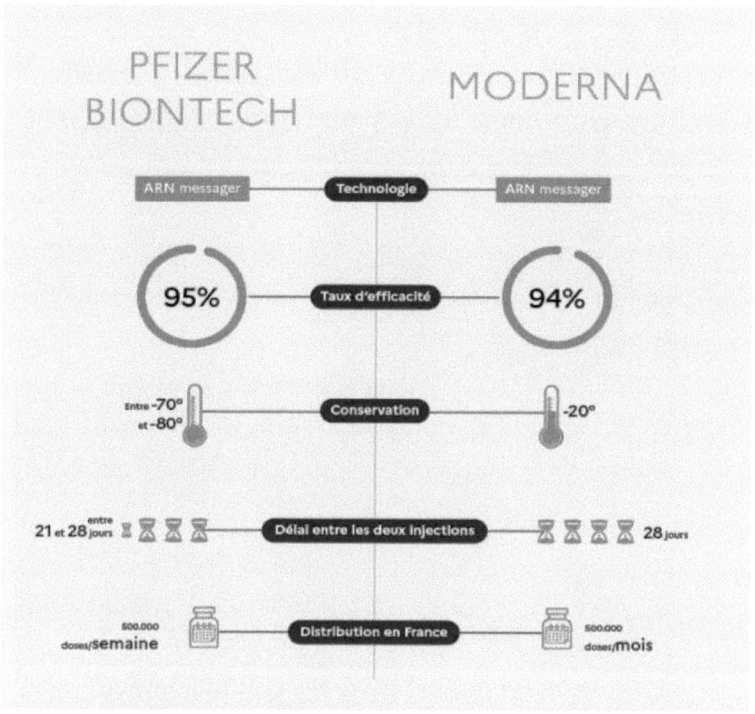

En janvier 2021, une organisation est mise en place par le gouvernement sous les recommandations de la HAS (Haute Autorité de santé). Une cadence de vaccination est établie selon la priorisation de la population par pathologie, par fragilité, puis par tranche d'âge.

- Les personnes de 18 à 49 ans incluses souffrant d'une pathologie à très haut risque de forme grave de Covid-19 ;

- Les personnes de 50 à 55 ans incluses souffrant d'une pathologie à très haut risque de forme grave de Covid-19 ou d'une ou plusieurs comorbidités ;

- Les personnes de 55 ans et plus quel que soit leur lieu de vie et leur état de santé (avec ou sans comorbidités) ;

- Les personnes majeures en situation de handicap, hébergées en maison d'accueil spécialisée ou foyer d'accueil médicalisé ;

- Les adultes vivant dans le même foyer qu'une personne sévèrement immunodéprimée, enfant ou adulte (transplantés d'organes solides, transplantés récents de moelle osseuse redondant, patients dialysés, patients atteints de maladies auto-immunes sous traitement immunosuppresseur fort de type anti-CD20 ou antimétabolites).

- Les femmes enceintes à partir du 2e trimestre de grossesse ;

- Les personnes de plus de 18 ans avec un indice de masse corporelle supérieur à 30.

Par le discours répétitif des politiciens, relayé par les médias et amplifiant l'angoisse de contracter le virus, la majorité de la population se précipitera pour se faire vacciner.

La société semble forte, mais une partie des citoyens reste inquiète, tandis que l'autre se soumet volontairement aux décisions de leurs représentants. Dès lors, sur la base du volontariat, une organisation se met en place chaque jour pour effectuer la vaccination.

Le 30 mars 2021, face à l'ampleur de la situation, 25 pays demandent à l'OMS d'établir un traité international sur les pandémies. La crise est si soudaine et grave qu'il semble irréaliste de gérer seule cette pandémie. L'objectif est d'éviter qu'un tel scénario se reproduise. Pour ces pays, cette initiative traduit un sentiment d'impuissance et le besoin d'une coordination internationale, prémisse d'une approche commune pour instaurer peu à peu une organisation mondiale.

Pour accélérer la vaccination et supprimer les contraintes liées à la conservation extrême, Pfizer a soudainement modifié ses directives. Et en mai 2021, l'Agence Européenne du Médicament annonce que le vaccin Pfizer peut désormais être conservé dans un simple réfrigérateur, passant de -80°C à une plage de 2 à 8°C pour les flacons décongelés non ouverts, et ce pendant 31 jours.

Cette annonce soulève de nombreuses questions :

La composition du vaccin a-t-elle été modifiée ?

L'efficacité des vaccinés est-elle compromise ?

<u>(A moins que ce vaccin, vendu comme un vaccin, ne soit tout simplement pas un vaccin, mais une supercherie !)</u>

Il semble que Pfizer ait simplement rassemblé de nouvelles données de stabilité et que, après analyse en interne, la FDA (États-Unis) et l'EMA (Europe) aient validé ces changements. La transparence totale reste incertaine, et pour le public, il est difficile de distinguer vérité scientifique et ajustements internes.

Cette modification facilite considérablement la logistique de distribution, notamment dans les zones reculées ou pauvres. Acheminer des vaccins à -80°C en Afrique aurait été pratiquement impossible. Même à 0°C, les infrastructures locales ne permettent pas toujours un transport sûr.

> Dans cette pandémie, pour de nombreux pays africains, les doses de vaccin disponibles étaient réservées en priorité aux pays fabricants ou à ceux capables de les acheter.

Si ce virus est réellement si dangereux et si la vaccination est absolument nécessaire pour survivre, comment ces pays pourraient-ils espérer éradiquer la pandémie s'ils n'ont pas les moyens de se procurer les doses indispensables ?

Face à ce défi, la Russie et la Chine proposent leurs vaccins à prix abordable, tandis que l'Europe met en place le système COVAX, sous l'autorité de l'OMS et de l'Alliance mondiale pour les vaccins et l'immunisation (GAVI). Ce mécanisme vise à fournir des vaccins aux pays défavorisés, tout en évitant que les doses rares ne soient accaparées par des nations plus riches. Grâce à ce système de solidarité internationale, 92 pays à faibles ressources peuvent théoriquement recevoir des vaccins gratuitement.

Cependant, si la générosité paraît louable sur le papier, dans la réalité, les promesses sont rarement tenues.

- L'Afrique se retrouve une nouvelle fois dépendante des pays favorisés, contrainte de faire l'aumône et prise au piège d'un système qui limite sa liberté de négociation avec d'autres partenaires.

- Nos frères du continent africain sont livrés au compte-goutte, recevant les doses selon les excédents et la disponibilité des vaccins.

Et au Sénégal, cette situation est devenu profondément humiliante.

Durant toute l'année 2021, les médias n'ont cessé de parler de la pandémie, comme des rapporteurs d'événements extraordinaires. Sur le principe, il n'y a rien de répréhensible. Car informer, c'est leur rôle. Mais c'est la répétition, le martèlement incessant des mêmes messages, jour après jour, qui finit par altérer notre perception du réel.

Alors, comment certains médias peuvent-ils orienter notre point de vue, voire nous induire en erreur ?

<u>La réponse est simple</u>. Il est très facile d'orienter une statistique, surtout en l'absence d'études officielles menées par des organismes indépendants et neutres.

> *« Différents procédés permettent cette manipulation. »*

Par exemple :

- Sélectionner les participants pour orienter la statistique,

- Comparer et enregistrer les données en fonction des périodes ou des zones qui arrange,

- Reprendre sans vérification les données d'autres organismes peu scrupuleux,

- Ignorer les chiffres actualisés provenant d'autres pays.

> *« Pourtant, les journalistes sont soumis à des règles précises. »*

<u>La charte de déontologie du journaliste</u>. (Munich 1971), précise notamment, les devoirs et des droits des journalistes.

« Publier seulement les informations dont l'origine est connue où les accompagner, si c'est nécessaire, des réserves qui s'imposent ; ne pas supprimer les informations essentielles et ne pas altérer les textes et les documents. »

Mais certains n'en tiendront pas compte, servant volontairement ou involontairement les intérêts politiques du moment.

Ces derniers sauront tirer profit de cette faille médiatique pour faire passer toutes leurs mesures, comme les confinements, les couvre-feux et les restrictions diverses, sans véritable vérification de fond.

Privés d'une actualité plus diversifiée, les médias se focaliseront sur le nombre de morts, le nombre de cas positifs, ou encore sur les étudiants et jeunes adultes, désignés comme irresponsables parce qu'ils souhaitaient simplement vivre.

Ces enfants, adolescents et jeunes adultes, déjà fragilisés, se retrouvent malgré eux emportés dans une spirale infernale. Cette gestion de crise, particulièrement pour eux, fut désastreuse, improvisée et bâclée par nos dirigeants.

[Débrouillez-vous pour respecter la loi.]

Le drame de la Covid-19 en milieu urbain a provoqué des ravages insoupçonnés sur la santé mentale et les addictions. Les familles, confinées les unes sur les autres à longueur de journée, ont d'abord pu y voir un moment de proximité, presque un plaisir temporaire. Mais très vite, cette promiscuité est devenue une contrainte, parfois même un sacrifice.

Les tensions et agressivités se sont multipliées. Les adolescents et les enfants, souvent oubliés dans cette organisation forcée, ont perdu leurs repères. Enfermés, privés de socialisation, ils ont vu leur équilibre mental vaciller.

Et que dire de ceux qui vivaient déjà avec un parent nuisible ou violant ?

Leur enfer s'est refermé sur eux, sans échappatoire.

Les politiques, ont-ils réfléchi à tout cela ?

Ont-ils seulement évalué les risques avant de prendre de telles décisions ?

Je n'en suis pas si sûr !

Leur réponse implicite, a été claire. Si vous ne respectez pas la loi, **vous serez sanctionnés d'une amende. <u>Voire de prison pour les plus indisciplinés.</u>**

> *« Ces politiciens sont devenus de véritable bourreaux sociaux. Ils ont manifestement oublié qu'il n'y a pas de santé, sans santé mentale. »*

Tout comme ils ont oublié les autres pathologies, pourtant bien réelles, qui n'ont soudainement plus existé qu'en arrière-plan. Comme si la Covid-19 était devenue la seule maladie digne d'attention, le seul fléau méritant des moyens. Pourtant, l'Homme a besoin de réconfort, de stabilité et de joie pour vivre.

Or, cette pandémie, amplifiée par une peur constante, a bouleversé les plus jeunes, ces innocents terrorisés à l'idée de perdre leurs proches.

- L'isolement est devenu une habitude.
- L'insociabilité s'est installée.
- Et les addictions ont explosé. Comme l'alcool, le tabac et la drogue. Autant d'échappatoires à un quotidien vidé de sens.

Bien sûr, il existe des personnes plus fragiles, plus vulnérables face au virus. Mais fallait-il pour autant imposer des mesures extrêmes à la majorité, au nom d'une minorité ?

Depuis toujours, les politiciens nous ont affirmaient que « *la minorité ne peut représenter la majorité* ». Et pourtant, quand cela sert leurs intérêts, le discours s'inverse. Soudain, la minorité devient le cœur de la décision politique.

Alors, que devons-nous en penser ?

Sont-ils sincères, ou menteurs ?

Nous manipulent-ils ?

Et surtout, quelle arrière-pensée se cache derrière ces choix imposés au nom du bien commun ?

> « *À ce jour, aucun enfant bénéficiant d'une pleine défense immunitaire naturelle n'est décédé de la Covid-19.* »

Et pourtant, parce qu'il y a eu, 0,000000......0001 décès d'enfants dans le monde, un chiffre *trop faible pour être significatif*, tous les enfants de la planète doivent être :

- Privés de jeux,
- Privés de sortie,
- Privés de sport,
- Privés de cinéma.

Et pour les plus grands :

- Privés de théâtre,
- Privés de concerts,
- Privés de discothèque,

Et pendant ce temps, pour d'autres adultes :

- Aucune restriction dans les **clubs privés ou échangistes.**
- Aucune interdiction dans le **métro,** où les gens s'entassaient les uns sur les autres, comme dans une boîte de sardines.

> *« Nos jeunes doivent s'épanouir et s'ouvrir au monde »*, *disaient-ils.*

Mais comment flirter avec un masque sur le visage ?

Comment découvrir l'amour, la tendresse, ou la confiance quand la peur du virus s'immisce entre deux regards ?

« Cette situation est terrible pour l'avenir. »

Avec une gestion plus humaine, une communication sincère, une concertation véritable entre dirigeants et citoyens, cette angoisse aurait pu être moins violente. Pour beaucoup, les conséquences auraient pu être évitées. Avec de la pédagogie, de la transparence et de la bonne foi, les personnes les plus fragiles, âgées ou en comorbidité, auraient pu être vaccinées sur la base uniquement du volontariat.

Certains diront qu'on stigmatise les plus faibles.

Et alors ?

Ne vaut-il pas mieux dire la vérité que de persister dans l'erreur ?

Si une personne est fragile, pourquoi le cacher ?

Ce sont elles, majoritairement, qu'on retrouvait dans les soins intensifs. Ce sont elles qu'il fallait protéger. Elles qu'il fallait encourager à se faire vacciner !

Pas les autres. Ceux en très bonne santé !

On aurait même pu envisager, proposer une décharge de responsabilité à ceux qui refusaient la vaccination, les engageant à assumer leur choix en toute conscience. Une telle mesure aurait sans doute permis d'éviter bien des tensions et des divisions. Mais l'objectif, visiblement, n'était pas celui-là.

Car les non-vaccinés ont bel et bien été stigmatisés. On les a pointés du doigt, accusés d'être responsables de la maladie, voire de la mort des autres.

Pourquoi alors ne pas avoir choisi une voie plus juste ?

Celle qui aurait consisté à protéger prioritairement les personnes réellement à risque, tout en laissant aux autres la liberté de vivre sans culpabilité ni contrainte ?

À défaut de pouvoir sortir, rencontrer, aimer et être aimer, les jeunes se sont repliés sur eux-mêmes. Leur univers s'est peu à peu rétréci, jusqu'à devenir virtuel.

Les émotions vraies, les regards, les sourires partagés ont été remplacés par des écrans, des pixels, et des connexions sans chaleur. Une génération entière a troqué l'humain contre le numérique. Non par choix, mais par contrainte.

Autrefois, le service militaire forgeait le caractère, transformait un jeune dépendant en jeune responsable. Aujourd'hui, la société produit des individus solitaires, désocialisés et parfois dangereusement frustrés.

Espérons seulement qu'on ne fabrique pas une génération de bombes à retardement. Des jeunes en colère, des cœurs abîmés, des âmes déconnectées, violant, dénué de bon sens et peut-être même dangereux.

Que deviendront ces jeunes demain ?

Quel type d'hommes et de femmes seront-ils ?

Quelle perspective leur offre-t-on ?

Quel avenir les attend dans un monde de violence et de désillusion ?

Quelle ambition peuvent-ils encore nourrir dans une société où tout semble interdit, contrôlé et surveillé ?

> *« Aujourd'hui, nous ne pouvons qu'imaginer cet avenir. »*

La vérité sur ces mesures pandémiques ne sortira probablement que dans plusieurs années. En attendant, il nous reste une seule méthode pour évaluer la légitimité de tout cela. Observer les chiffres réels de mortalité, année après année.

Ci-après, les tableaux issus de l'organisme européen EuroMOMO, chargé de la surveillance de la mortalité, permettent une première lecture révélatrice de cette réalité trop longtemps dissimulée.

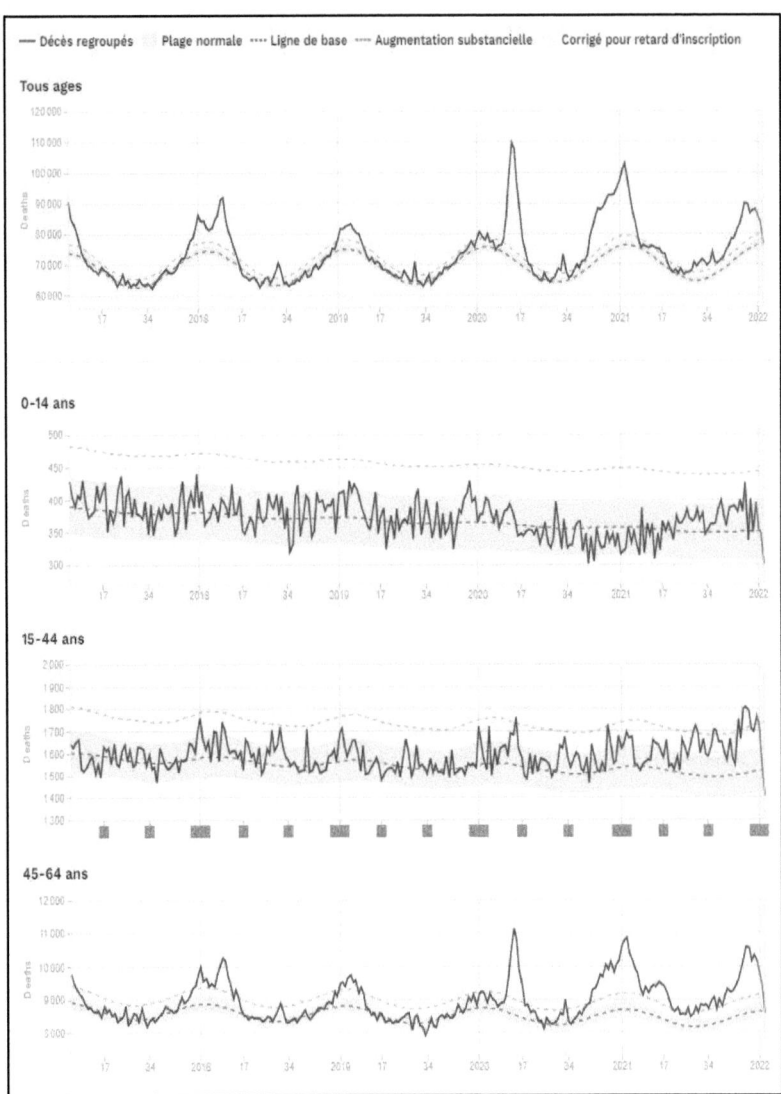

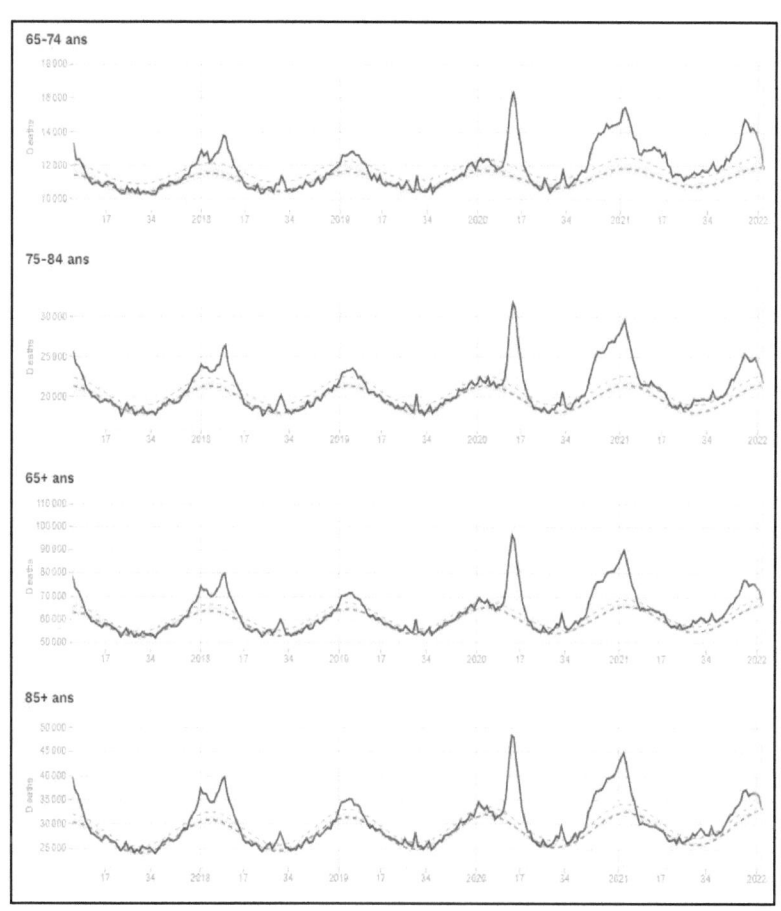

RAPPEL

Toutes les cartes et images intégrées dans cet ouvrage sont visibles en couleur grand format sur le site Officiel de l'Auteur :
https//www.patricklalevee.com

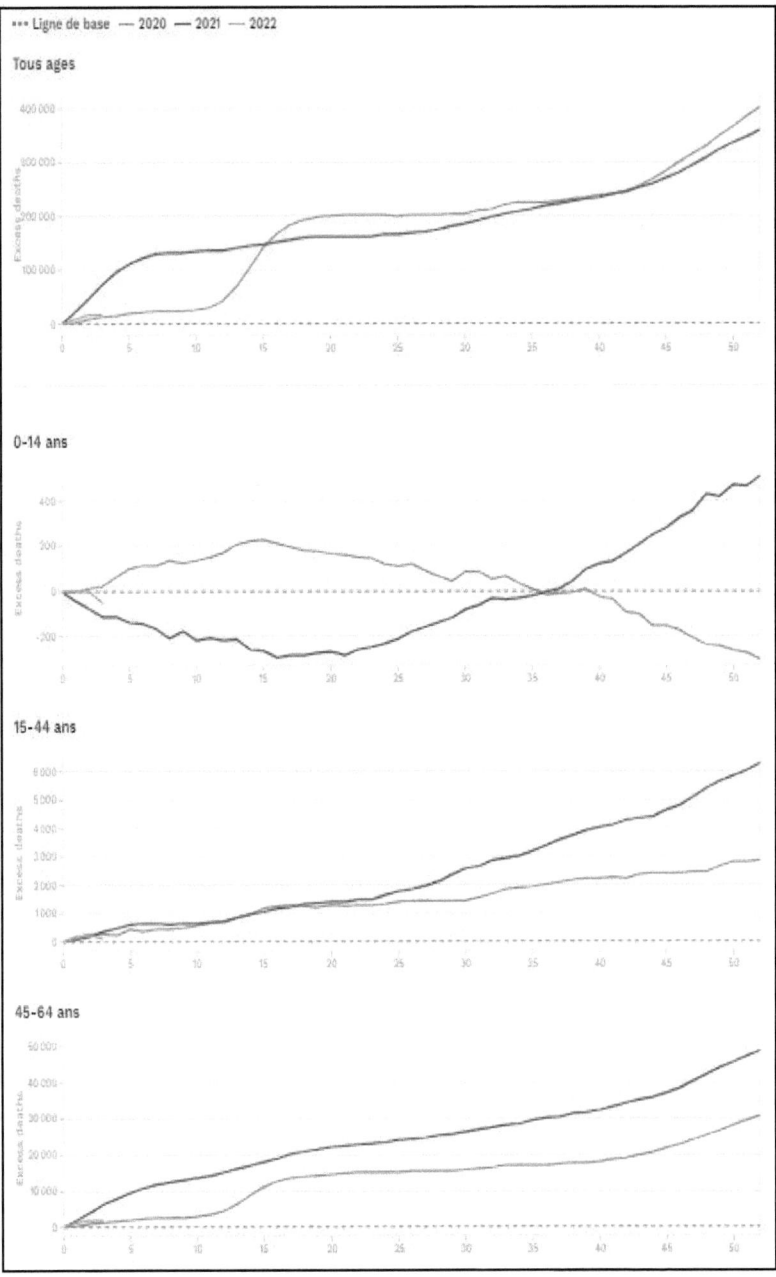

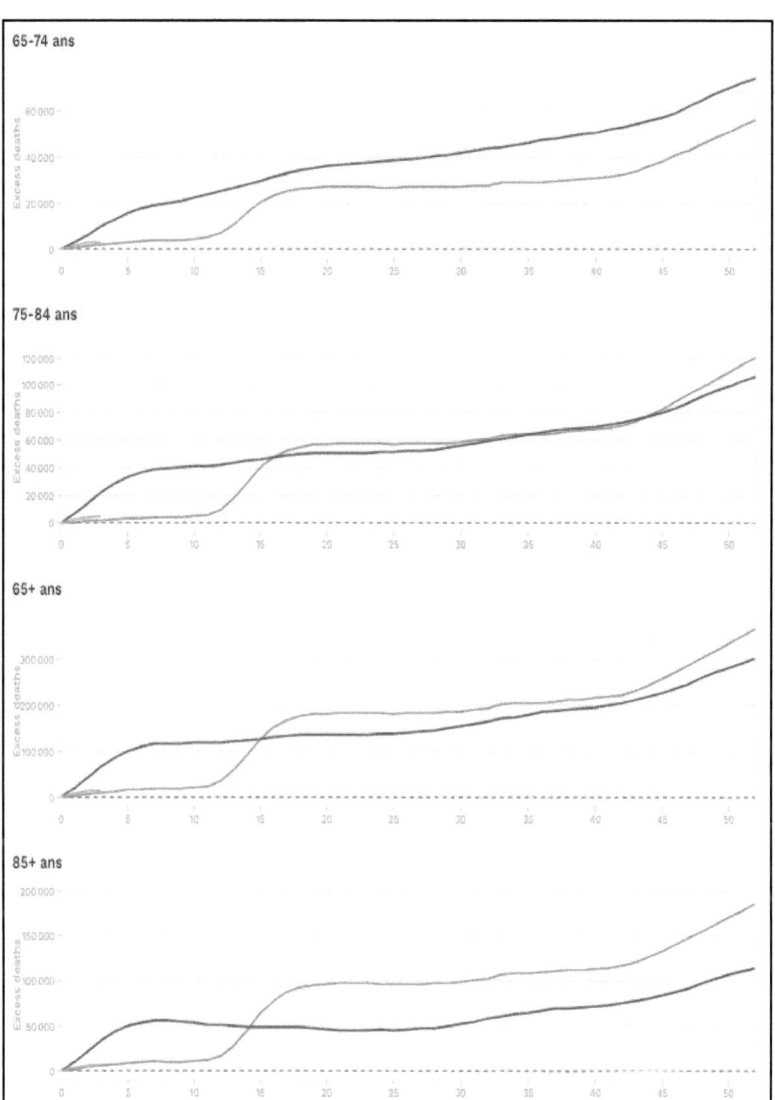

Selon les données de surveillance européenne (EuroMOMO), les courbes de mortalité et de surmortalité, toutes causes confondues, révèlent des tendances intéressantes sur la période 2017 à 2022.

Ces courbes ne recensent pas uniquement les décès liés à la Covid-19, mais bien l'ensemble des décès, toutes pathologies confondues, afin d'offrir une vision plus globale de la situation.

Il convient également de garder à l'esprit deux paramètres essentiels. La croissance naturelle de la population européenne d'année en année, et son vieillissement progressif, qui influe nécessairement sur les chiffres globaux de mortalité.

Voici les grandes tendances observées selon les tranches d'âge :

0 à 14 ans :
La courbe reste parfaitement stable, sans la moindre surmortalité notable entre janvier 2017 et janvier 2022. Cette tranche d'âge n'a manifestement pas été impactée par la pandémie en termes de mortalité.

15 à 44 ans :
Une stabilité générale se maintient sur la période. Une légère hausse est observable en mars 2020, au moment

de la première vague, puis une augmentation plus marquée en décembre 2021, paradoxalement, à une période où la majorité de la population était déjà vaccinée.

<u>45 à 64 ans</u> :
La courbe devient plus irrégulière, surtout durant les mois d'hiver, où une hausse saisonnière est classique. Toutefois, on note une surmortalité significative en mars 2020, ainsi qu'en janvier et décembre 2021.

<u>65 à 74 ans</u> :
Même constat : la mortalité suit un rythme hivernal récurrent, mais les pics de mars 2020 et de fin 2021 se distinguent nettement, marquant les périodes les plus critiques de la pandémie.

<u>75 à 84 ans</u> :
Les fluctuations sont plus marquées, avec des pics hivernaux récurrents et une hausse importante en mars 2020. Là encore, une surmortalité est visible à la fin de l'année 2021, malgré la campagne vaccinale avancée.

<u>85 ans et plus</u> :
La courbe suit la même dynamique, avec une forte sensibilité aux périodes hivernales et une surmortalité très nette en mars 2020 et en décembre 2021.

En résumé, une différence perceptible existe entre le début de l'année 2017 et la fin de 2021.

Cependant, il est important de rappeler que les conclusions tirées d'une analyse sur cinq ans peuvent être sensiblement différentes d'une étude élargie sur dix ans, qui offrirait une meilleure contextualisation des variations naturelles de mortalité.

La statistique de référence pour la France sur cinq ans, présentée dans le tableau suivant, permet d'illustrer concrètement cette évolution et de mettre en lumière les véritables tendances liées, ou non, à la crise sanitaire.

Une analyse plus approfondie sur une période plus longue permettrait de distinguer ce qui relève d'un phénomène ponctuel, comme une épidémie, d'une tendance structurelle liée au vieillissement de la population, aux conditions de vie ou encore à l'accès aux soins.

Ce recul temporel est essentiel pour éviter toute conclusion hâtive et comprendre si les hausses de mortalité observées en 2020 et 2021 traduisent réellement un choc sanitaire exceptionnel, ou simplement une accélération de dynamiques déjà à l'œuvre avant la pandémie.

En d'autres termes, seule une vision globale, dépassant le prisme émotionnel de la crise, permet d'évaluer objectivement l'impact réel de cette période sur la santé publique et sur l'évolution naturelle de la mortalité en France.

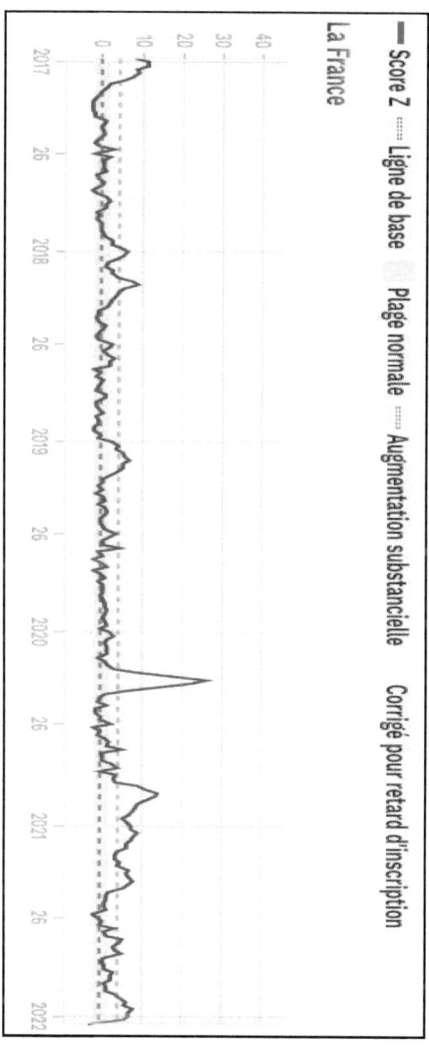

En avril 2020, période correspondant à la grippe saisonnière, dont l'intensité varie d'une année sur l'autre, le nombre de décès en France a été sensiblement supérieur à celui enregistré en 2017, 2018 et 2019, puis légèrement supérieur en 2020 et fin 2021.

> Il est important de rappeler qu'il est extrêmement difficile, voire impossible, de déterminer avec précision le nombre de décès réellement imputables à la Covid-19. En effet, les enregistrements dépendent seulement de médecins d'hôpitaux, souvent en surcharge de travail. Nous n'avons pas d'autre choix que de prendre les informations que l'on nous donne, sans pouvoir en vérifier la véritable réalité.

Par exemple, en mars 2020, l'Institut national d'études démographiques (INED) précisait que la France comptabilisait 68 000 décès supplémentaires liés à l'épidémie, alors que certains médias annonçaient 100 000 décès, générant une perception amplifiée du risque.

Sur le plan mondial, en 2021, les chiffres de l'ONU indiquent que les décès dus à la Covid-19 représentent environ 0,069 % de la population mondiale (population mondiale enregistrée à 7,875 milliards, avec 5,44 millions de décès Covid-19).

Autrement dit, 99,93 % de la population mondiale ne courent aucun danger direct grave, qu'ils soient vaccinés ou non.

La Covid-19 semble suivre un cycle saisonnier similaire à celui de la grippe, influencé par la température, l'humidité et la résistance immunitaire individuelle de chacun. Selon un rapport de la Haute Autorité de Santé (HAS) du 23 décembre 2020, l'impact de la Covid-19 sur la qualité de vie, mesuré par l'indicateur **QALY**, basé sur les données de l'INSEE, est comparable à celui d'un épisode de grippe saisonnière classique.

Face à ces chiffres et analyses, la question se pose :

Pourquoi insiste-t-on autant sur la vaccination de masse, alors que la majorité de la population ne court pratiquement aucun risque grave ?

« *Un individu symptomatique non hospitalisé se verra attribué une perte de QALYS similaire à celle d'un épisode de grippe. S'il est admis à l'hôpital, il aura une perte de QALYS similaire à une hospitalisation pour grippe. Un patient atteint d'une Covid-19 admis en réanimation se verra attribué une perte de QALYS, telle qu'estimée pour ce type de séjour quelle que soit la maladie. En l'absence de données sur les* conséquences à long terme de la maladie, la perte de QALYS au-delà de l'épisode n'est pas considérée. »

Définition de **QALY** : *Une QALY reflète l'intensité avec laquelle un état de santé est préféré à un autre état de santé. Traditionnellement, cette mesure est normalisée : une année de santé parfaite équivaut à une QALY de 1 et le décès à* une QALY de 0, les états de santé considérés comme pires que le décès, ont une mesure inférieure à 0.

La Covid-19 peut toucher tout le monde, mais elle s'attaque surtout aux personnes fragiles, dont les défenses immunitaires sont affaiblies. Comme la grippe saisonnière, elle peut réduire les capacités physiques, parfois de manière plus sévère. **Les individus ayant une immunité faible sont donc plus à risque** de complications graves ou de décès.

« *Il est légitime de s'interroger sur la réelle efficacité du vaccin, mais également sur un effet paradoxal qu'un individu vacciné pourrait, dans les jours suivant l'injection, porter une charge virale importante et contaminer son entourage, alors qu'il n'était pas contagieux auparavant.* »

Ainsi, certains se demandent si la pandémie que nous vivons est celle du virus ou si elle est paradoxalement alimentée par le vaccin lui-même. Sans études solides démontrant une diminution significative des cas graves et des hospitalisations, le vaccin pourrait entretenir la circulation du virus, avec toutes les conséquences que nous connaissons. Comme les décès, les effets secondaires et les hôpitaux engorgés. Peut-être que, sans vaccination, l'infection se serait étalée dans le temps de façon plus modérée, restant supportable pour le système hospitalier.

Au début, les politiques et certains médecins affirmaient qu'il fallait vacciner 70 % de la population pour obtenir l'immunité collective. Aujourd'hui, on exige une vaccination quasi totale, comme si l'immunité collective (les arguments évoqués jusqu'alors) n'avait plus d'importance.

Pourquoi cette insistance à vacciner tout le monde ?

Cela ne semble pas sauver plus de vies !

Il est possible que ces décisions soient motivées par une arrière-pensée stratégique, ou qu'elles reflètent un manque de contrôle et une gestion au jour le jour, basée sur des recommandations d'organismes privés, parfois non scientifiques. Dans tous les cas, les gouvernements exécutent les consignes de l'OMS, sans fournir d'information claire.

Comme par exemple :

- L'origine exacte du virus,
- Leurs liens financiers directs ou indirects avec les fabricants de vaccins,
- La composition complète des vaccins,
- Et les études à long terme sur les effets secondaires potentiels, y compris la mortalité ou l'infertilité.

Pourtant, malgré ces incertitudes, les politiciens présentent les vaccins comme absolument indispensables, même si ceux-ci restent expérimentaux et sans recul sur leurs effets à long terme.

Parallèlement, la littérature scientifique montre que d'autres solutions moins coûteuses et efficaces existent, mais sont rarement mentionnées.

Comme par exemple :

- Les vitamines C et D,
- L'hygiène alimentaire et le mode de vie,
- L'État d'esprit positif et le bien-être psychologique, qui contribuent à la diminution des maladies.

Il semble que ces arguments soient négligés, et que l'OMS soit utilisée comme alibi pour obtenir la soumission de la population, en imposant des mesures restrictives de vie quotidienne et vaccinales.

Ainsi, plutôt que de protéger réellement les plus vulnérables, on a instauré un climat de peur généralisé. Les citoyens ont été poussés à accepter des contraintes extrêmes, parfois au détriment de leur santé mentale, sociale et économique. La priorité n'a plus semblé être le bien-être collectif, mais le contrôle et la conformité, au nom d'un objectif présenté comme universel, mais qui en réalité, laisse planer de nombreuses zones d'ombre.

« Ont-ils oublié les causes et les effets du surpoids sur la santé, qui sont souvent le reflet d'un mal-être psychologique, les pesticides qui déclenchent souvent des cancers, du stress lié à l'hygiène de vie qui déclenche des maladies cardiovasculaires, des effets de la pollution sur la santé, etc...? »

Dans le tableau ci-dessous, voici le nombre de décès de janvier à juillet 2020, dans le monde par type de pathologie.

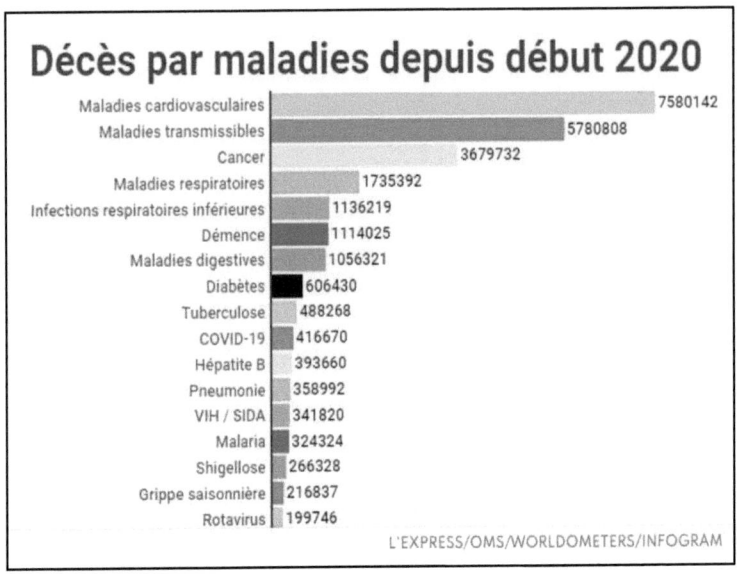

Dans ce tableau, on remarque que même si l'on émet des doutes sur la fiabilité des décès enregistrés Covid-19, cette maladie représente une minorité parmi les causes de décès.

Ne serait-il pas plus pertinent de concentrer nos efforts sur l'éradication des autres problématiques de santé ?

« L'épidémie de la Covid-19 ne serait-elle pas en réalité une épidémie grippale, aggravée à l'origine par le manque d'hygiène et le comportement des personnes à la santé fragile ? Puis ensuite, propagée par la vaccination, censée nous en sortir ? »

> La Covid 19 est une PANDÉMIE, mais elle est également une SYNDÉMIE.

<u>Définition de PANDÉMIE</u> : *Une PANDÉMIE est une épidémie présente sur une large zone mondiale.*

<u>Définition de SYNDÉMIE</u> : *Une SYNDÉMIE caractérise au moins une maladie de facteurs biologiques et environnementaux, qui, par le comportement de la population et potentiellement accompagnée de facteurs complétifs, aggravent les conséquences de ces maladies sur la population.*

Le SARS-CoV-2 est un virus bien défini, et la Covid-19 est une maladie dont la gravité dépend de facteurs sociaux, environnementaux et biologiques. Dès le départ, il était clair que l'âge et les comorbidités influençaient fortement l'issue de l'infection.

Face à cette situation, il est légitime de s'interroger sur la pertinence médicale des mesures prises. Les approches biomédicales, principalement portées par des modélisateurs d'épidémies, des infectiologues, des réanimateurs et des spécialistes (pneumologie, cardiologie, gastro-entérologie…), ont classé la Covid-19 comme une urgence absolue. Cela a conduit à la concentration des efforts des pouvoirs publics sur cette seule maladie, parfois au détriment des autres déterminants de santé essentiels.

Nos représentants se sont-ils assurés que les vaccins étaient non-nocifs pour notre santé et celle de nos descendants ?

Ces vaccins fonctionnent-ils vraiment contre ce virus ?

Avant de prendre des décisions radicales, ont-ils consulté des scientifiques locaux indépendants et neutres ?

Ont-ils évalué les conséquences sociétales, sanitaires et économiques d'une pandémie, ou le risque d'un vaccin est potentiellement pire que le virus ?

Il est légitime de se demander si certaines décisions ont été prises sur la base de croyances ou de certitudes non vérifiées plutôt que sur des preuves scientifiques.

Par exemple, l'Institut Pasteur, a renoncé à certaines recherches, laissant place à des entreprises annonçant un vaccin. Peut-être parce que la technologie ou les connaissances disponibles ne permettent pas encore de créer un vaccin sûr, dans un temps aussi court.

> *Concernant ces vaccins, des risques ont été pris sans que les citoyens en soient informés.*

Comment nos politiciens pouvaient-ils ignorer ces risques ?

À qui incombe la responsabilité des mesures prises, basées sur des informations partielles ou volontairement occultées ?

Si certaines institutions ont délibérément menti ou omis des informations cruciales, cela ne constitue-t-il pas une faute grave ?

Ne serait-il pas légitime que les 600 milliards de dette, dépensés au nom de la protection de nos vies, soient en partie remboursés aux citoyens ?

A moins que tout cela ne soit qu'une question d'interprétation et que nos dirigeants n'auraient rien compris !

- La FDA n'aurait pas suivi la liste de contrôle réglementaire pour la thérapie génique.
- Le contrôle de génotoxicité ou de toxicité totale pour la reproduction n'aurait pas été effectué.
- La quantité et la localisation des inserts protéiques dans la technologie n'ont pas été complètement caractérisées.

Dans tous les cas, la protéine Spike a été modifiée avec deux acides aminés qui semble avoir été conçue pour rendre plus « énergique le vaccin » et non pour la rendre plus sûre. Ils auraient dû caractériser le lieu où cette protéine s'est exprimée, pendant combien de temps, dans quels types de cellules et à quel niveau. Malheureusement, il semble que rien de tout cela ne soit connu à ce jour.

Seule une vraie étude scientifique indépendante pourrait valider l'efficacité et la sécurité de ces vaccins. Les essais sur des bases de données privées ou issues de laboratoires non indépendants ne suffisent pas.

Pour des molécules, comme Hydroxychloroquine, Ivermectine ou Remdesivir, un croisement d'informations aurait permis de savoir si certains patients traités pour d'autres maladies étaient immunisés contre la Covid-19. Cette démarche n'a pas été systématiquement réalisée.

Si un produit déjà connu, efficace et facilement fabriqué avait été accepté, cela aurait pu éviter des dépenses massives et des mesures sanitaires contestables.

Dans les pays disposant de technologies avancées, plusieurs chercheurs indépendants ont tenté de mener des recherches approfondies sur ce virus. Leur objectif était double. Comprendre la pertinence des informations disponibles et identifier, le cas échéant, des indices permettant de développer des solutions alternatives aux vaccins proposés, mais aussi déterminer l'origine réelle du virus.

Est-il d'origine humaine ou animale ?

Autrement dit, a-t-il été créé ou modifié par l'homme ?

Quatre études menées par des laboratoires privés ont suggéré que le virus n'était pas entièrement naturel et aurait subi une manipulation génétique humaine.

<u>Ces chercheurs Chinois ont publié de nombreuses données le 17 Juillet 2021 sur les caractéristiques inhabituelles du génome Sars-cov-2.</u>

- Le Professeur Li-Meng Yan
- Le Professeur Shu Kang
- Le Professeur Jie Guan
- Et le Professeur Shanchang Hu

Ils ont mis en évidence l'intégration d'un gène externe, ajoutable uniquement par manipulation génétique, et une modification sur l'enzyme FURINE, ce qui pourrait influencer la virulence ou la transmissibilité.

Voilà ce qu'ils expliquent à la question suivante :

Le SRAS-CoV-2 a-t-il été soumis à une manipulation in vitro ?

« *Nous présentons trois sources de données pour étayer notre affirmation selon laquelle la manipulation en laboratoire fait partie de l'historique du SRAS-CoV-2 :*

1. La séquence génomique du SRAS-CoV-2 est étrangement similaire à celle d'un coronavirus de chauve-souris découvert par les laboratoires militaires de la troisième université médicale militaire (Chongqing, Chine) et l'Institut de recherche en Médecine du Commandement de Nanjing (Nanjing, Chine).

2. Le motif de liaison au récepteur (RBM) au sein de la protéine Spike du SRAS-CoV-2, qui détermine la spécificité d'hôte du virus, ressemble de manière suspecte à celle du SRAS-CoV de l'épidémie de 2003.

Les preuves génomiques suggèrent que le RBM a été génétiquement manipulé.

3. Le SRAS-CoV-2 contient un site unique de clivage (FURINE) dans sa protéine Spike, qui est connue pour augmenter grandement l'infectiosité virale et le tropisme cellulaire. Pourtant, ce site de clivage est totalement absent dans cette classe particulière de coronavirus que l'on trouve dans la nature. De plus, des codons rares associés à cette séquence supplémentaire suggèrent la forte possibilité que ce site de clivage, par la Furine ne soit pas le produit d'une évolution naturelle, et aurait pu être inséré artificiellement dans le génome du SRAS-CoV-2 par techniques autres que le simple passage en série, ou les événements de recombinaison multi-souches à l'intérieur de personnes coinfectées via des cultures de tissus ou chez des animaux. »

Réalité ou fiction ?

L'avenir nous le dira !

Pendant ce temps, le manège médiatique et politique continue de tourner sans relâche. À tour de rôle, ou parfois de manière conjointe, les ministres alimentent nos esprits d'un constat alarmant concernant le virus.

Durant des jours et des semaines, cette répétition incessante est amplifiée par les médias. Sans toujours en avoir conscience, ceux-ci participent à un véritable lavage de cerveau collectif. Ils croient agir correctement, mais finissent par lessiver l'opinion publique.

Les médias, en se positionnant comme « sauveurs bienveillants », répètent sans cesse les informations fournies par les autorités :

- Mettre le masque quand nos dirigeants nous expliquaient qu'il ne servait à rien.

- Mettre le masque dehors seul dans la campagne ou seul dans la rue.

- Fermer les grands commerces, favorisant ainsi les concentrations de gens dans les petits commerces.

- Laisser les gens se coller les uns aux autres dans les transports en commun ou dans les stades, mais sans les laisser entrer dans un cinéma ou dans un théâtre. (En 2020)

- Nous parler du nombre de cas positifs en augmentation, alors que ces gens analysés ne sont pas malades.

- Les médecins comptabilisent les morts en porteurs du Covid-19, alors qu'ils sont morts d'autres causes, juste pour gagner des primes financières.

- Ils nous disent qu'il n'y a plus de lit disponible dans les hôpitaux, alors que cette situation est inchangée depuis des années à la même époque.

- Ils ont réquisitionné des TGV pour amener des malades en Suisse et en Allemagne, alors que les hôpitaux ou cliniques privées n'étaient pas ou très peu sollicitées.

- Les médias nous informent que les centres hospitaliers sont saturés, alors que des lits ont été supprimés.

- Les infirmiers sont exclus de travail s'ils ne sont pas vaccinés, alors qu'il y a une pénurie de soignants.

- La vaccination ne supprime pas la contagiosité, pourtant les soignants sont obligés d'être vaccinés.

- Faire la queue pour faire un test PCR, alors que les gens sont potentiellement infectés et peuvent s'infecter dans les files d'attente.

- Mettre en place des tests PCR qui ne garantissent pas la contagiosité de la Covid-19.

- Le Pass-Sanitaire est exigé de partout sauf dans les musées, bibliothèques et meetings électoraux.

- Une personne vaccinée testée positive au Covid-19 a accès à tous les lieux avec son Pass-Sanitaire.

- Demander aux internes de médecine testés positifs mais asymptomatiques de continuer à travailler à l'hôpital au contact des malades.

- Les mesures barrières imposées au peuple ne sont pas respectées par les politiciens eux-mêmes.

- Le blocage d'accès à des rayons non-essentiels des grandes surfaces.

- Avec toutes les mesures liberticides et une vaccination totale de 76,5% de la population Française, le 23 décembre 2021, le nombre de contaminations reste inchangé.

- Le port du masque est obligatoire pour les piétons, mais pas pour la marche sportive.

- Dire qu'il n'y aura jamais de Pass-Sanitaire le 04 décembre 2020, puis le rendre obligatoire le 12 juillet 2021.

- Réduire la validité des tests PCR de 72h à 24h.

- Transformer le Pass-Sanitaire en Pass-vaccinal.

- Mettre le masque pour skier en station ou en montagne.

- Consommer dans un bar une boisson assise et non-debout, comme si le virus avait l'intelligence d'infecter seulement les gens debout.

- Mettre un couvre-feu la nuit, comme si le virus était plus contagieux la nuit que le jour.

Pourtant, nos représentants sont censés être des professionnels de la gestion. Nous imaginons qu'ils savent lire, comprendre, analyser et s'entourer de véritables spécialistes afin d'éviter les erreurs graves.

Chaque jour, à travers les médias, les peuples découvrent la nouveauté du jour. Tel un chien sur un os, nous restons à l'affût de ce qu'ils pourraient encore nous annoncer. La pandémie s'étirant dans le temps, l'esprit humain finit par céder à la spirale hypnotique.

> *Tel un **troupeau docile**, beaucoup sont désormais prêts à tout accepter pour « revivre comme avant ».*

Nos représentants, eux, nous traquent, nous méprisent, nous mettent à genoux et nous mentent sans détour. Ils choisissent soigneusement les courbes statistiques qui les arrangent, pour mieux nous effrayer. C'est une guerre silencieuse. Celle du contrôle des esprits, menée par la peur et entretenue par les médias.

Et dans ce processus, notre santé physique et psychique est sacrifiée, violée par une manipulation continue déguisée en bienveillance.

> Désormais, le peuple doit disposer d'un Pass-Sanitaire pour accéder à ses loisirs et à son travail.

Désormais, le citoyen se voit contraint, sous peine d'amende, de contrôler d'autres citoyens pour pouvoir entrer dans un établissement, demander une pièce d'identité, vérifier la validité de la vaccination, et refuser l'accès à qui ne présente pas les justificatifs exigés. Celui qui reste à la porte devient l'image du paria. Il reste dehors, seul ou avec sa famille, regardant, impuissant, les autres manger à travers la vitrine comme un pestiféré.

> *« Comme un dangereux criminel écarté des autres qui ne sont pas moins contagieux entre eux. »*

Pour un temps, dans un moment de lucidité, les politiciens ont laissé le test PCR offrir une alternative aux non-vaccinés. Ceux-ci, munis d'un test négatif datant de moins de 72 heures, pouvaient accéder aux commerces, lieux de loisirs ou établissements hospitaliers, comme les autres. Ce dispositif permettait de vérifier si une personne était infectée avant d'entrer dans un espace public clos.

Certes, effectuer un test toutes les 72 heures constituait une contrainte, mais temporairement, on pouvait tolérer cette mesure en attendant que le virus disparaisse. De plus, en France, ce dispositif était remboursé par l'assurance-maladie, ce qui le rendait accessible à tous.

Sauf que, les personnes vaccinées mais porteuses du virus n'avaient pas besoin de subir de test pour entrer dans ces mêmes lieux. Elles détenaient le GRAAL. Le PASS Sanitaire. Ainsi, elles pouvaient être infectées, contaminer les autres à l'intérieur, tout en étant protégées elles-mêmes contre les formes graves, et de facto propager le virus dans l'environnement.

[Nos politiciens, seraient-ils abrutis ?]

DÉCIDÉMENT, ILS SE SURPASSENT !

En réponse, on nous répète invariablement que « le vaccin diminue les formes graves », sans jamais répondre vraiment à l'absurdité de certaines mesures. Un jour, on nous dira peut-être que le masque sait faire la différence entre la grippe et la Covid-19.

Mais au fait, le masque protège-t-il vraiment autant qu'on le prétend ?

En France, son port est devenu progressivement obligatoire. D'abord dans les lieux clos (20 juillet 2020), puis, selon les décisions locales, dans certains espaces publics. Les recommandations ont connu plusieurs revirements. Déconseillé puis recommandé, puis imposé.

Techniquement, le masque chirurgical (norme EN 14683) limite la projection des gouttelettes émises par la personne qui le porte. En revanche, il ne filtre pas parfaitement l'air entrant. Il protège donc moins bien contre l'inhalation de fines particules en suspension. Ces mêmes particules qui peuvent transporter le virus et rester dans l'air plusieurs minutes, voire heures, selon la qualité de la ventilation.

Le masque réduit la probabilité de contamination, mais ne l'annule pas en intérieur, mal ventilé, le risque demeure.

Beaucoup des maladies infectieuses émergentes des dernières décennies proviennent d'un contact accru entre animaux et humains. Ce sont les zoonoses. La déforestation et la modification des habitats rapprochent les espèces et augmentent les risques de franchissement de la barrière inter-espèces.

Et certains animaux sont porteur de virus. Les épisodes liés aux visons d'élevage (Danemark, Pays-Bas) en sont une illustration. D'autres espèces, y compris chats ou animaux de compagnie, ont montré des signes de transmission possible. Mais les études restent incomplètes. On ne sait pas encore à quelle fréquence ni dans quelles conditions ces transmissions se produisent réellement.

Les secteurs qui méritent une étude approfondie sont notamment :

- Les animaux de ferme,

- Les animaux de compagnie,

- Et les animaux sauvages proches des zones de l'Hommes.

Pour l'heure, les autorités se limitent souvent à indiquer que des animaux peuvent temporairement porter le virus sur leur pelage ou être infectés, sans pouvoir dresser un tableau clair et exhaustif.

Mais où est la raison ?

Face à ces incertitudes, certaines réactions frôlent l'hystérie.

Faut-il abattre les animaux ?

Stigmatiser ou exclure les non-vaccinés ?

Punir ceux qui n'effectuent pas de rappel ?

Ces outrances montrent à quel point la peur peut pervertir le débat public. L'hypothèse d'un traitement inhumain ou d'une exclusion systématique de certains groupes relève de l'absurde. Et doit être dénoncée comme telle.

> *Ce n'est pas en cédant à la panique que l'on trouvera des solutions efficaces et humaines.*

CHAPITRE III

Une Continuité Machiavélique.

15 octobre 2021

Durant l'année 2021, comme chaque année depuis des centaines d'années, les infections grippales restent aléatoires. Et comme souvent en période hivernale, le virus de la grippe refait surface.

Le virus de la Covid-19 fera probablement de même !

Seulement, nos politiciens n'en ont pas fini avec nous. Ils ont encore des réserves de restrictions sous le coude et sont capables de serrer encore davantage la vis pour nous étouffer. Une asphyxie dont les non-vaccinés deviennent la cible.

Désormais, les tests PCR, dont la validité initiale était de 72 heures et qui étaient remboursés au début, ne sont plus valables que 24 heures et ne sont plus remboursés. Autant dire qu'il ne fait aucun doute sur les intentions de nos dirigeants : ils nous étranglent véritablement.

> Il est évident qu'un test payant tous les jours pour un travailleur à faibles revenus est impossible.

Quoi qu'il en soit, les non-vaccinés n'ont jamais eu d'explication claire sur l'utilité d'un test PCR pour aller au cinéma ou pour travailler, alors qu'il est inutile pour prendre le métro, faire ses courses ou se rendre dans une galerie marchande bondée.

Où est la logique ?

Les tests PCR sont-ils si fiables ?

Selon leur inventeur lui-même, il semblerait que non. Lors d'une interview, Kary Mullis précisait que l'outil PCR, c'est comme : « *Prendre une quantité très infime de n'importe quoi et la rendre mesurable, puis en parler lors de réunions.... Ce n'est pas une mauvaise utilisation, c'est simplement une mauvaise interprétation.... La mesure n'est pas exacte du tout. Cet outil permet de faire beaucoup de quelque chose à partir de presque rien. C'est pourquoi il ne vous dit pas que vous êtes malade. Il ne dit pas si ce que vous avez détecté va vraiment vous nuire…. Il ne peut pas faire la différence entre des particules virales et un virus vivant actif. »*

Témoignage du scientifique Kary Mullis sur l'invention de 1983.

Ainsi, tout dépend de l'utilisation que l'on en fait et de son interprétation. C'est une méthode simple et rapide pour amplifier de manière exponentielle des fragments d'ADN. Bien évidemment, en 1983, la Covid-19 était totalement inconnue. Pourtant, ce procédé, initialement utilisé pour le virus du VIH, s'est largement répandu depuis pour détecter le virus de la Covid-19.

Le doute grandit donc chez une partie des citoyens, en raison des nombreuses incohérences de nos représentants. Ce que l'on peut réellement en retenir, c'est que cet outil de mesure n'est pas calibré pour détecter précisément la phase d'infection ou de contagiosité liée à la Covid-19. Vous pouvez très bien avoir un ancien débris d'ARN de coronavirus sans être contagieux.

Le test PCR est un multiplicateur artificiel qui détecte l'infime, mais pas nécessairement l'essentiel.

Cet outil, imprécis, n'apporte aucune preuve catégorique de la contagiosité d'un patient atteint de la Covid-19.

« Ces tests PCR standards peuvent diagnostiquer comme positif un nombre de personnes qui portent des quantités insignifiantes de virus sans jamais contaminer personne. »

Pour être réellement précis, l'outil devrait pouvoir fournir deux types de mesure :

- Les mesures ne permettant pas une contamination. (Catégorie ou classe 2 homologuée.)
- Les mesures correspondant à une contagiosité avérée. (Catégorie ou classe 1 homologuée.)

[Mais, par manque de volonté ou par impossibilité technique, cela n'existe pas encore.]

Pourtant, les médecins utilisent majoritairement ce procédé pour recenser toutes les personnes infectées avec des résultats souvent aléatoires et non catégoriques d'une contagiosité réelle.

Ainsi, une partie du corps médical manifeste une méfiance à l'égard du virus et du vaccin. Les professionnels de santé peinent à s'accorder sur la meilleure stratégie à adopter pour faire reculer la pandémie.

<u>Le serment d'Hippocrate</u> :
« Au moment d'être admis(e) à exercer la médecine, je promets et je jure d'être fidèle aux lois de l'honneur et de la probité. Mon premier souci sera de rétablir, de préserver ou de promouvoir la santé dans tous ses éléments, physiques et mentaux, individuels et sociaux. »

Il y a, d'un côté, les médecins, les chercheurs, les chimistes, les scientifiques, les virologues et les biologistes entre autres, qui valident sans réserve tout ce que disent l'OMS, l'ARS ou les ordres médicaux.

Fervents défenseurs du serment d'Hippocrate sur le papier, certains acquiescent pourtant à toutes les mesures gouvernementales, sans remise en question, parfois pour briller sous les projecteurs médiatiques, obtenir une reconnaissance ou un revenu complémentaire.

De l'autre côté, il existe des médecins qui respectent sincèrement le serment d'Hippocrate. Ils appliquent les consignes déontologiques avec dévouement, vigilance et discernement. Ceux-là se manifestent parfois aux côtés des citoyens, évoquant le principe de précaution, la détresse psychologique, les violences familiales ou la privation de liberté.

Ils savent qu'ils sont surveillés par l'Ordre des médecins et observés par leurs confrères, tout comme certains avocats toujours prêts à se défendre contre les dénonciations calomnieuses.

Et nous, dans tout cela ?

Comment percevoir la situation avec clarté et discernement lorsque les professionnels de santé eux-mêmes ne partagent pas le même avis ?

Devons-nous être des moutons dociles et naïfs, jouant notre vie à pile ou face ?

Comment avoir réellement confiance lorsque l'on sait que de nombreux médecins perçoivent des cadeaux, contrats et avantages offerts par les laboratoires pharmaceutiques pour promouvoir certains médicaments ?

Du chirurgien au médecin généraliste, tous ont légalement le droit de recevoir des avantages, tant qu'aucun conflit d'intérêt n'est prouvé. Pourtant, les médecins recevant des avantages, même modestes, sont parfois inconscients de l'influence exercée par le lobby de l'industrie pharmaceutique.

En tout état de cause, la corruption ou les tentatives de corruption, même déguisées en cadeaux ou en avantages en nature, ne concernent pas uniquement les médecins. Elle s'exerce partout, à tous les niveaux.

Toujours pour des raisons jugées légitimes, plusieurs millions de dons sont versés par de généreux donateurs, laboratoires ou industries pharmaceutiques à des organismes, petits ou grands, engagés volontairement ou involontairement dans des relations qui s'avèrent être commerciales.

[La neutralité n'est plus. Et certains en profitent pour en tirer des avantages personnels.]

La corruption dans le milieu pharmaceutique est une réalité, et un certain nombre de questions méritent des réponses, en toute transparence.

- Est-ce de la corruption, que de donner de l'argent à un organisme vous permettant d'avoir des avantages dans l'avenir ?

- Bill Gates a besoin de l'OMS pour avancer dans ses projets d'avenir. L'OMS, a-t-elle intérêt à refuser l'argent de cet investisseur ?

- Bill Gates a besoin des médias pour avancer dans ses projets d'avenir. Un Média a-t-il intérêt à refuser l'argent de cet investisseur ?

- Un jour, l'Union Européenne aura besoin de l'EMA. L'EMA, a-t-elle intérêt à refuser l'argent de l'Union Européenne ?

- Dans le cas d'une corruption internationale, la justice locale a-t-elle la légitimité de condamner les entreprises bénéficiaires d'un autre pays ?

Une chose est sûre, mettre sa vie entre les mains d'organismes, de politiciens, de médecins ou de scientifiques peut s'avérer être dangereux.

« *Ne faisons pas un remède pire que le mal.* »

Qui nous garantit que les vaccins censés nous protéger ne sont pas eux-mêmes porteurs d'un risque futur ?

Agir dans la précipitation, sous la peur, sans analyse indépendante ni débat contradictoire entre scientifiques ayant des points de vue divergents, revient à jouer avec la santé publique comme on joue avec aux jeux de hasard dans un casino.

Souvenons-nous de l'angoisse savamment entretenue par nos dirigeants à la veille des vacances d'été 2021, afin d'inciter la population à se faire vacciner massivement. Le message était clair. Si le peuple voulait retrouver une vie normale, voyager, voir sa famille ou profiter des réservations déjà payées, il devait se faire vacciner.

> Dans le cas contraire, il devait renoncer à ses loisirs, à sa liberté de déplacement, voire à son emploi.

C'est une pression psychologique inédite, méthodique, et profondément contraire à l'esprit du consentement libre et éclairé.

Mais qui sont ces enfants à la tête de notre pays ?

Sont-ils bienveillants ou malveillants ?

Serions-nous devenus leurs soldats de plomb, figés dans leurs stratégies, manipulés et dirigés au gré de leurs caprices ?

Les dirigeants ont joué sur la peur, sur la culpabilité et sur la privation pour obtenir l'adhésion d'un peuple épuisé.

Ils ont présenté la vaccination non comme un choix, mais comme une condition obligatoire à la vie sociale. Ils ont ainsi transformé un acte médical personnel en un instrument de contrôle collectif.

Tout semble mis en œuvre pour restreindre davantage nos libertés, pour resserrer l'étau un peu plus chaque jour. L'intention politique devient de plus en plus claire. Nul ne doit échapper à la règle, chacun doit s'y soumettre.

TOUT LE MONDE DOIT Y PASSER.

Cette manipulation du consentement, maquillée sous les apparences du civisme et de la solidarité, constitue une dérive grave.

Le consentement n'est plus libre lorsque le refus entraîne la menace d'exclusion, de perte d'emploi ou d'isolement social.

Le consentement n'est plus éclairé lorsqu'il repose sur des informations incomplètes, sur des données scientifiques discutées ou sur la peur d'être puni.

C'est une forme de viol.

L'injection d'un corps étranger dans notre organisme, certes approuvé et consenti sous diverses formes d'incitations, de manipulations stratégiques, contraignantes et privatives de liberté, voire punitives, pour une raison potentiellement légitime, mais sans certitude ni garantie sur le résultat immunitaire, n'est pas rassurante. Il s'agit d'un vaccin qui n'a jamais été testé sur l'humain à long terme, dont l'efficacité n'est pas pleinement prouvée et qui peut générer des effets secondaires graves, voire mortels.

Une personne qui se fait vacciner sans aucune certitude sur l'absence d'effets secondaires graves, surtout après avoir été manipulée par différentes contraintes, vit une expérience comparable à une violation de son intégrité corporelle.

Imaginez que l'on vous injecte un produit chimique capable de réduire vos capacités physiques ou mentales. Non seulement vous subissez la souffrance psychologique de cette épreuve, mais en plus ce produit se diffuse dans toutes vos cellules corporelles.

Par définition, un viol est un acte sexuel non consenti. Une personne peut, sous la menace, la force ou la peur de mourir, être contrainte à consentir à quelque chose qu'elle n'accepte pas librement. De même, le consentement pour une injection doit être libre et éclairé. Accepter un produit chimique sous le nom de vaccin, avec des effets secondaires potentiels et sans recul suffisant pour garantir sa sécurité, constitue un risque pour celui qui se fait vacciner.

L'incitation quotidienne des politiciens, répétée par les médias dans un contexte de peur permanente, met une pression considérable sur les individus. Beaucoup de personnes vaccinées ont cru à l'entièreté des arguments et certaines ont subi des effets secondaires graves. Les citoyens n'étaient pas en mesure d'accepter consciemment de se faire injecter un produit chimique sans garanties sur sa sécurité future.

Le consentement ne peut être valable s'il est obtenu sous crainte ou par la menace de privation de vacances, de lieux de loisirs ou de travail. Exercer une pression psychologique sur la population pour obtenir son consentement à se faire vacciner pourrait être considéré comme une coercition.

« UN CONSENTEMENT OBTENU PAR LA PEUR, LA PRESSION OU LA CONTRAINTE N'EST PLUS UN CHOIX. C'EST UNE SOUMISSION. »

« Une forme de viol. Une tromperie. »

Et cette soumission, obtenue par la répétition, la peur et la culpabilisation, est d'autant plus inquiétante qu'elle a été institutionnalisée. En somme, ce que nous avons vécu n'était pas une campagne de santé publique ordinaire, mais une opération de persuasion de masse, où l'émotion a remplacé la réflexion et où le devoir civique a été détourné en instrument de contrôle.

À ce stade, chacun devrait s'interroger :

Si le consentement libre est remplacé par la peur, que reste-t-il de la liberté individuelle ?

SCÉNARIO 1 :
Pour compléter les explications.

Imaginez un médecin convaincu de l'efficacité d'un traitement expérimental annoncé à 94 % pour soigner une maladie.

Mais qu'est-ce que ce « 94 % » signifie réellement ?

Lui, c'est le professionnel de santé. Vous, vous êtes le patient, malade et vulnérable. Vous n'y connaissez rien en médecine, et vous n'avez pas vraiment le choix, vous devez lui faire confiance.

Le docteur vous parle alors avec des mots techniques, de protocoles et d'effets secondaires. Il vous rassure, il sera toujours là pour vous suivre, pour vous aider.

Lui, il sait. Vous, non. Et pour vivre, vous devez lui faire confiance.

Vous hésitez. Tester un produit qui n'a jamais prouvé son efficacité vous angoisse. Pourtant, votre médecin vous assure que tout ira bien. Sans garantie, il répète qu'il n'y a pas de raison que cela se passe mal.

Alors vous lui demandez, pourquoi 94 % ?

D'où vient ce chiffre ?

Le médecin se lance dans des explications floues, remplies de termes que vous ne comprenez toujours pas, mais il insiste sur le bien-fondé du traitement. Selon lui, il n'existe pas d'autre solution. « C'est ça ou la maladie s'aggravera ». Dit-il. Et il ajoute : « C'est urgent. » Et vous finissez par accepter.

Avant de commencer, il vous fait signer plusieurs documents qui le décharge de toute responsabilité. Vous ne pourrez jamais le poursuivre en cas de conséquences graves. Rien n'est garanti. Aucun recul n'existe, et les effets secondaires sont inconnus.

Vous ignorez si vous ferez partie des 6 % pour qui le traitement échouera, ou si vous développerez une autre maladie grave, à court ou long terme.

Le médecin vous administre alors le produit, censé stimuler vos défenses immunitaires.

Seulement, dans l'histoire de la Covid-19, vous êtes réellement malade. On traite une pathologie réelle, avec des symptômes avérés. Le virus de la Covid-19 peut tuer. Mais le pourcentage de mortalité reste incertain. Probablement inférieur à 1 %.

Et pourtant, un traitement expérimental a été administré à toute une population, avec un résultat inconnu. Il pouvait ne rien faire, affaiblir, ou provoquer d'autres maladies.

Pourtant, beaucoup ont accepté de recevoir un produit chimique dont l'efficacité n'avait jamais été démontrée, simplement sur l'hypothèse qu'il serait bénéfique.

<u>Vous prenez donc le risque de subir des effets secondaires et parfois mortels pour tenter de sauver les autres.</u>

SCÉNARIO 2 :
<u>Pour compléter les explications.</u>

Imaginez, vous êtes une femme en parfaite santé et vous n'avez pratiquement jamais été malade de votre vie. Pourtant, votre médecin insiste pour vous administrer un produit qu'il juge bénéfique, convaincu qu'il vous fera du bien.

Peu à peu, quelque chose change. Vous sentez une gêne, une fatigue inhabituelle. Vous n'êtes plus comme avant, sans savoir pourquoi. Et bientôt, vous constatez que vos cycles mensuels se sont arrêtés.

Quelle certitude avez-vous que ce produit n'a rien modifié dans votre corps ?

Qu'il n'aura pas de conséquences graves sur votre santé et qu'il ne vous rendra pas stérile ?

Quelle garantie avez-vous que les enfants que vous porterez ne naîtront pas avec des handicaps physiques ou mentaux ?

Votre médecin, convaincant, vous a incitée à accepter une injection, un prétendu vaccin, censé vous protéger d'une contamination présentée comme extrêmement grave. Mais autour de vous, personne ne semble malade. Vos proches vivent normalement. Vous n'avez jamais été témoin de cette hécatombe annoncée à la télévision.

Et si, un jour, vous découvrez que vous êtes devenue stérile, ou que vos enfants, ou les enfants de vos enfants, naissent handicapés, qui sera responsable ?

Il sera trop tard. Vous ne pourrez plus revenir en arrière. Vous aurez été le sujet d'une expérimentation médicale, et le mal, s'il existe, sera déjà en vous. Et personne ne pourra être tenu pour responsable.

Car personne ne vous a forcée. Car vous êtes venue de votre plein gré. Vous avez accepté les risques, pour vous et vos descendants.

Même si vous avez les moyens d'intenter un procès, qui accuseriez-vous ?

Le président, qui un jour, ne sera plus en fonction ?

Les ministres, disparus du paysage politique ?

Les médecins, qui n'ont fait que relayer les consignes officielles ?

Les laboratoires, qui n'ont jamais rien garanti ?

Alors, on vous dira simplement :

« Vous avez choisi. Vous avez fait un pari. Et nous sommes sincèrement désolés si vous avez des effets secondaires. »

***

En milieu de vacances d'été 2021, tout patron d'entreprise devait être vacciné et vérifier la vaccination de ses salariés, sous peine de lourde amende. En cas de non-respect répété, l'entreprise risquait une fermeture administrative.

VOUS N'AVEZ DONC PLUS LE CHOIX.

Les magasins et autres organismes recevant du public devaient également contrôler les Pass-Sanitaires et l'identité des clients. Les patrons devaient vérifier l'état vaccinal de leur personnel, et en cas de non-vaccination, les salariés ne pouvaient plus exercer leur emploi.

Alors, comment le salarié pouvait-il nourrir sa famille sans pouvoir travailler ?

Le travailleur était piégé, y compris dans les hôpitaux. Plusieurs centaines de soignants arrêtèrent provisoirement d'exercer, dégoûtés par cette manipulation. Les années précédentes, ils se plaignaient déjà du manque de lits, de personnel et de reconnaissance, et réclamaient des salaires équivalents à ceux de leurs confrères dans d'autres pays. Pendant le confinement, ils avaient été applaudis et encouragés par les ministres, reconnus pour leur dévouement.

Ces mêmes soignants, qui manquaient de masques et fabriquaient des blouses avec des sacs poubelles, étaient désormais traités comme indignes d'exercer, simplement parce qu'ils doutaient de l'efficacité des vaccins expérimentaux. Et beaucoup étaient remerciés sans scrupule.

Dans les services, le burn-out augmentait de manière alarmante. Éreintés, démoralisés et dégoûtés par le comportement des institutions et des politiques face à l'afflux des malades, ils étaient à bout.

« Un personnel déprimé dans un hôpital, ne peut pas être optimiste sur l'avenir des patients. »

Définition de BURN-OUT :
État de fatigue intense et de grande détresse causé par le stress au travail.

Les citoyens étaient piégés, tandis que les politiques semblaient jubilants, avec un sourire narquois, complaisant ou condescendant.

Y a-t-il une limite à cette pression psychologique, ou s'agit-il de sadisme ?

Certains se demandent même si ces politiciens ont été eux-mêmes victimes de violences dans leur enfance !

À l'approche de l'hiver, le nombre d'infections augmentait naturellement. Depuis des années, à la même période, la grippe circule et provoque des milliers de décès directs ou indirects. Pourtant, chaque année, des lits sont supprimés et des hôpitaux ferment, réduisant la capacité d'accueil en cas de crise. Depuis

1998, près de 100 000 lits ont été supprimés pour des raisons probablement budgétaires.

Cette diminution, combinée à la réduction du personnel soignant, a fortement limité la capacité à affronter la crise sanitaire. En 2020, la mobilisation des soignants visait à augmenter légèrement l'accueil par rapport à 2019, mais faute de lits et de personnel suffisant, la situation est restée inchangée. Fatigués et dégoûtés, de nombreux soignants ne souhaitaient plus exercer. La profession perdait alors en reconnaissance et en prestige. Et les étudiants en santé, témoins de ces difficultés, changeaient d'orientation.

« Il s'agit de métiers exigeants, nécessitant des formations spécifiques, des conditions de travail difficiles et des salaires souvent insuffisants. »

À titre de comparaison, le nombre de lits pour 1 000 habitants dans d'autres pays est bien plus élevé, notamment au Japon et en Corée, qui détiennent la palme de la capacité hospitalière.

Dans le tableau ci-dessous figure le nombre de lits d'hôpitaux disponibles pour 1 000 habitants dans chaque pays en 2020. Ces données illustrent la capacité des systèmes de santé à faire face à une crise sanitaire majeure et mettent en évidence les fortes disparités entre pays. Elles rappellent l'importance d'un investissement durable dans les infrastructures hospitalières pour éviter toute saturation en période de crise.

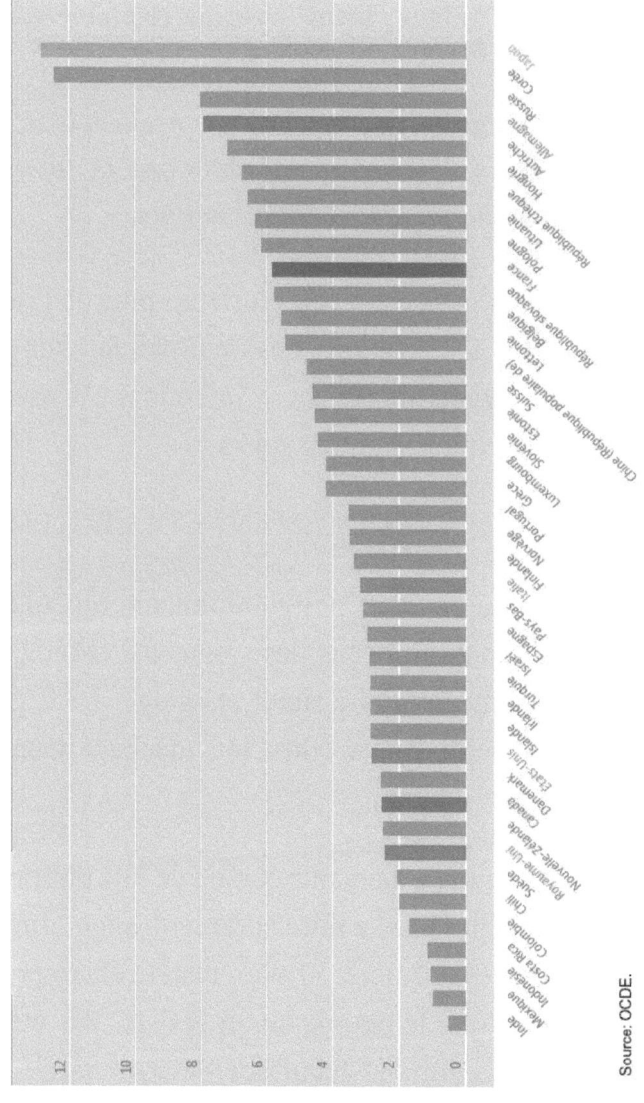

> **RAPPEL**
> Toutes les cartes et images intégrées dans cet ouvrage sont visibles en couleur grand format sur le site Officiel de l'Auteur : **https//www.patricklalevee.com**

« Nous constatons que la France n'enregistre que 5,84 lits pour 1 000 habitants, alors que le Japon ou la Corée du Sud en disposent du double. »

Cette situation est peu glorieuse pour la France. Pourtant, la focalisation des politiciens sur une prétendue aggravation des infections Covid-19 détourne l'attention d'autres sujets.

C'EST UN AVEUGLEMENT COLLECTIF.

Ainsi, la doctrine politique fait son travail avec méthode. On oublie les lits, les soignants, et on ajoute de nouvelles mesures. Le rituel classique. Le « gentil peuple », est celui des vaccinés, le « méchant peuple », celui des non-vaccinés.

Les tactiques de manipulation de nos politiciens ont parfaitement réussi à faire accepter l'intégralité des mesures progressivement. Si elles avaient été imposées en une seule fois, le peuple aurait résisté. Par étapes, toutefois, il a gentiment acquiescé.

À force de petites doses répétées sur le long terme, les citoyens finissent par s'habituer, voire éprouver un certain confort, une normalité ou même une sympathie envers le gouvernant. C'est une forme de syndrome de Stockholm appliquée au collectif.

Nos politiciens maîtrisent parfaitement ces techniques. Sans doute les ont-ils apprises en faisant leurs études. Analyser les réactions du peuple, déterminer jusqu'où il peut être soumis et comment le diriger. Un apprentissage rigoureux des comportements et de la manipulation pour atteindre des objectifs précis.

Depuis 2020, les médias travaillent à cette manipulation, orientant la pensée critique et le raisonnement. Pour eux, seul le résultat compte, pas les méthodes.

C'est ce que Grégoire Chamayou appelle :

« UN NOBLE MENSONGE. »

[La notion de noble mensonge peut se comprendre de plusieurs façons, mais elle s'adresse principalement aux dirigeants. Chez Platon, il s'agit de convaincre les citoyens. Tous naissent de la Terre-Mère et sont donc frères, mais il faut leur faire croire que les Dieux les ont créés avec des différences. Certains sont faits d'or (les dirigeants), d'autres d'argent (les gardes) et d'autres de bronze (les producteurs). Cette hiérarchie, présentée comme naturelle, justifie que certains commandent, tandis que d'autres obéissent.]

Ici se révèle la nécessité du mensonge politique, ou « *noble mensonge* », que les gouvernants font et estiment devoir faire aux gouvernés. Il s'agit d'un mensonge portant sur les fondements de l'inégalité, un mensonge « *sociologique* » destiné à faire accepter au peuple que le pouvoir politique soit concentré entre les mains d'une petite minorité.

Le mensonge politique est asymétrique. Le père peut mentir à ses enfants, le mari à son épouse, le maître à ses esclaves, le chef d'État à ses sujets, mais jamais l'inverse, sous peine de sanctions sévères. Les dirigeants peuvent mentir, mais eux seuls.

« *Pour toute autre personne, le mensonge est interdit, et nous affirmons que celui qui ment aux chefs commet une faute de même nature, mais plus grave, que le malade qui ne dit pas la vérité au médecin, que l'élève qui cache ses dispositions physiques au pédotribe, ou que le matelot qui trompe le pilote sur l'état du vaisseau.* »

On retrouve ici un schéma typique de double morale. Le privilège du mensonge d'un côté et l'obligation absolue de vérité de l'autre. Ce qui vaut pour le peuple ne vaut pas pour les dirigeants.

« Faites ce que je dis, mais pas ce que je fais. »

Le paradigme classique du noble mensonge est celui du médecin. Il peut mentir à son patient pour son bien, car il détient la connaissance complète, y compris sur les effets potentiels de son mensonge. Un poison, dosé avec expertise, peut devenir un médicament et vice versa, mais son usage doit rester réservé aux mains compétentes.

[Cette conception paternaliste, qui présente le politique menteur sous les traits du médecin bienfaisant, masque cependant une réalité fondamentale. Le noble mensonge est avant tout un mensonge des nobles, destiné à servir leurs intérêts.]

<u>Extrait du récit de Grégoire Chamayou, chercheur au centre national (CNRS) et agrégé de philosophie.</u>

***

Selon leurs observations, nos politiciens apprennent à anticiper nos réactions en fonction de nos traits de caractère et de notre capacité d'expression. Ils maîtrisent l'art de la manipulation. Jamais une question simple ne reçoit une réponse simple. Ils peuvent vous perdre dans des propos souvent accusateurs envers un adversaire, tout en évitant de répondre clairement.

Ils savent comment influencer les comportements, mais rassurez-vous, ce ne sont pas des magiciens. Ils ont simplement appris.

C'est pourquoi l'éducation est essentielle. Non pas pour manipuler les autres, mais pour comprendre leurs réactions, mieux organiser sa vie, évaluer les risques, savoir quand agir ou réagir face à un imprévu, et se protéger pour un avenir plus sûr. Tout dépend de qui détient ce savoir.

À force de travailler sur le moral des citoyens, il devient difficile pour chacun de se concentrer sur ses objectifs et de préserver ce qu'il possède.

Quelles sont les priorités d'une personne ?

Construire une famille, s'occuper de ses enfants, acheter une maison, trouver ou gérer son travail, passer du temps avec ses amis, profiter de la vie, gérer ses finances et payer ses crédits.

Si l'on ajoute à cette liste la présence d'un virus à combattre, cela vient inévitablement au détriment de certaines activités. Tout le monde ne peut pas réussir également dans sa vie, et nos politiciens le savent. Dans les années à venir, la population mondiale augmentera, tout comme le nombre de <u>personnes en situation précaire.</u>

Pour ne pas compliquer davantage cette situation, une partie du peuple a choisi de faire confiance aux autorités. Ainsi, la majorité de la population en est venue à considérer que la vaccination est la seule solution pour sortir de la pandémie.

Pourquoi la majorité de la population, semble-t-elle convaincue ?

- Est-ce la peur, qui altère les capacités de jugement et de raisonnement ?

- Est-ce la pression et l'incitation des médias ?

- Est-ce une confiance aveugle envers les politiciens et les institutions ?

- Ou simplement, le désir de retrouver une vie « normale » et de profiter du quotidien comme avant ?

Le peuple peut-il être certain que la vaccination est réellement efficace et totalement sûre pour l'avenir ?

- Peut-on affirmer que la Covid-19 n'est pas, en réalité, une forme de grippe plus contagieuse, avec laquelle il faudra apprendre à vivre ?

- Peut-on être sûr que nos dirigeants eux-mêmes ne sont pas trompés ou influencés par de grandes autorités sanitaires ou par des intérêts extérieurs ?

- Peut-on vraiment croire que seulement 10 % de la population suffirait à saturer les hôpitaux, alors que l'année précédente, aucun vaccin n'était administré et les conséquences étaient comparables ?

Le peuple, a-t-il oublié de réfléchir et de raisonner ?

A-t-il abandonné le raisonnement critique ?

Sommes-nous entrés dans une forme d'aliénation collective, où la peur et la pression remplacent la liberté de penser et de décider ?

Une relation, quelle qu'elle soit, ne se construit pas systématiquement sur un rapport de force. Ce qui compte, ce sont les données.

Or, depuis le début de la pandémie, ces données ne nous ont pas vraiment été fournies. Le peuple devrait avoir le droit d'obtenir des réponses écrites et assumées, fournies par des professionnels engageant leur honneur et leur carrière, concernant toutes les mesures prises, abusives ou inefficaces, et surtout, au regard du coût colossal que cela a représenté pour la France et pour les générations futures.

Mais pour comprendre ces décisions, les informations disponibles sont soit inexistantes, soit mélangées à des données invérifiables.

Comment, en tant que citoyens, pouvons-nous avoir la certitude que les différents services de l'administration n'ont pas manipulé ou falsifié les chiffres ?

Pourquoi certains reportages ou données de médias n'ont-ils jamais été contestés ou démentis par les autorités politiques ?

Quelles conclusions devons-nous en tirer ?

Devons-nous croire que certains patrons de médias dictent à leurs journalistes une orientation basée sur ce qu'ils jugent bon pour le peuple, ou bien sur ce qui favorise leur audience, ou encore sur leurs propres convictions ?

« Si tel est le cas, alors ce n'est plus de la science, mais de la croyance. »

Alors, politiciens et médias, où se situe vraiment la vérité ?

Le Petit Larousse définit la SCIENCE :
*Comme un ensemble cohérent de connaissances relatives à certaines catégories de faits, d'objets ou de phénomènes obéissant à des lois et **vérifiées par les méthodes expérimentales**.*

À l'opposé de la science, on trouve les CROYANCES, qui sont quant à elles définies comme suit :
*Le fait de **croire à l'existence de quelque chose**, à la vérité d'une doctrine.*

Les patrons de certains médias auraient-ils des intérêts cachés, visant à obtenir ou maintenir des subventions ?

Peut-être ont-ils reçu des consignes ou des menaces, les plaçant dans une situation où ils n'ont guère de choix. Quoi qu'il en soit, si cela est vrai, les conséquences sur la population sont réelles. Le principe de précaution devrait être appliqué sans compromis.

Il suffirait de se baser sur la vérité, si elle existe, après avoir obtenu des informations fiables issues de scientifiques neutres et impartiaux, puis de les transmettre aux citoyens sans détour, sans ambiguïté et sans arrière-pensée. Les journalistes, qu'ils soient locaux, nationaux ou internationaux, ne doivent pas relayer des rumeurs ou avis de pseudo-professionnels impliqués dans des intérêts personnels.

Mais qu'est-ce que la véritable information si elle est orientée par les convictions personnelles ou par les directives d'une minorité ou majorité de scientifiques, médecins, politiciens ou citoyens, sans preuve solide ?

> *Une opinion partagée par beaucoup n'est pas une preuve.*

[Alors, qui croire, un médecin ou un chercheur scientifique ?]

Définition d'un MÉDECIN :
C'est un professionnel de la santé capable de poser un diagnostic et de prescrire un traitement adapté aux circonstances et aux besoins du patient.

Définition d'un chercheur Scientifique en Médecine :
C'est un professionnel de la santé qui conçoit et mène des projets de recherche visant à acquérir des connaissances nouvelles, parfois théoriques ou spéculatives. Il formule des hypothèses et les teste par des expérimentations rigoureuses.

« En d'autres termes, le chercheur est celui qui effectue des investigations, à l'échelle locale, nationale ou mondiale, pour identifier les causes d'une pathologie et déterminer les interventions ou recommandations qui pourront être appliquées dans le cadre de l'étude. »

Le résultat d'une recherche rigoureuse et démontrée devient une preuve unique et incontestable.

Pourtant, nous avons tous vu certains scientifiques ou médecins malmenés par les médias, victimes de questionnements à charge visant à les discréditer. Parfois, des pratiques journalistiques limites sont utilisées pour mettre en avant le doute plutôt que la vérité.

Le métier de journaliste est extrêmement exigeant. En vigilance constante, en déplacements permanents et en attention soutenue. Malgré les dérives de certains, de nombreux journalistes s'efforcent, parfois au péril de leur vie, d'être au plus près de la vérité, reflétant fidèlement les événements et préservant l'impartialité.

Dans le traitement de sujets sensibles, ces journalistes sont parfois menacés, emprisonnés ou empêchés d'agir, notamment dans des pays où la liberté de la presse et la justice diffèrent fortement. Aujourd'hui, près de 500 journalistes sont détenus dans le monde, parfois pour de longues années.

Sur un plateau de télévision, face à un politicien, le journaliste devrait faire preuve de courage, exiger des réponses claires, insister, répéter et attendre que la question soit véritablement traitée, devant les caméras. Bien sûr, l'interviewer peut lui-même mentir ou changer d'avis, et il devra alors en assumer les responsabilités et conséquences.

Une fausse information, surtout sur des sujets sensibles, peut provoquer des dégâts considérables, tant sur l'environnement que sur la santé mentale de la population.

Pendant une pandémie, comment un citoyen peut-il évaluer la gravité d'une crise mondiale s'il n'a pas accès à l'ensemble des données ?

Ne serait-il pas plus simple de créer une plateforme publique, rassemblant photographies, documents, témoignages, vidéos et preuves scientifiques de multiples scientifique, même s'ils ne sont pas d'accord, afin que le peuple puisse accéder à l'information complète et vérifiable ?

Un site où les données enregistrées ne pourraient jamais être effacées, garantissant une transparence totale.

Le peuple devrait pouvoir consulter cette bibliothèque ou banque de données, afin d'obtenir les réponses fondamentales qui lui sont dues. Plutôt que d'entretenir l'ambiguïté et de traiter les citoyens comme des ignorants. Il est peut-être temps de simplifier l'accès à l'information et d'être parfaitement transparent, avec un classement clair par rubriques pour que ni les politiques, ni les médias, ne puissent se dédire.

C'est une exigence de responsabilité envers les citoyens.

Ils nous le doivent.

« Espérons que les peuples aient très rapidement les réponses qu'ils méritent. »

Durant les dernières décennies, le peuple a pris de mauvaises habitudes. Plutôt que de prendre le temps de s'informer et de chercher la vérité, il s'est contenté de raccourcis rapides. L'humain recherche l'information instantanée, en quelques secondes, via des clips vidéo, reportages, neutres ou orientés. Le peuple veut découvrir la vérité au plus vite.

Agissant sans vérifier les sources, croyant bien faire et se fiant aux rumeurs ou aux informations partagées sur Internet, notamment via les fake news, les citoyens prennent des risques pour la qualité et la véracité de l'information.

Pendant la pandémie, cette situation a poussé beaucoup de gens à se positionner dans un camp ou un autre, alors qu'il suffirait simplement de réfléchir aux différentes possibilités et arguments sans se fermer à aucune idée.

La majorité des individus manque souvent de formation scientifique pour comprendre les sujets complexes traités par les spécialistes.

Pour ne pas paraître ignorants, ils reprennent des opinions qui leur semblent réalistes en fonction de l'orientation ou de la finalité du discours. C'est ainsi que se propagent des informations non étayées, parfois de simples rumeurs. Même lorsqu'une personne se croit plus spécialiste qu'un expert, elle n'a souvent aucune preuve, étude ou résultat concret pour soutenir ses dires. Et les politiciens sont en partie responsables de cette division. Il y a peu de temps, de nombreux vaccinés s'opposaient aux non-vaccinés sur des arguments scientifiquement imprécis et non prouvés.

Comme on le dit :

« *Un morceau de bœuf n'est pas un bœuf, un morceau d'humain, n'est pas un humain et un morceau de vérité n'est pas une vérité.* »

Mais où va-t-on ?

Lorsque les non-vaccinés s'opposent à l'obligation vaccinale, c'est d'abord pour la liberté, mais aussi pour éviter un remède pire que le mal. À ce jour, aucune certitude n'existe sur les effets à long terme des vaccins sur l'humanité.

« *Et quand les non-vaccinés manifestent, ils manifestent aussi pour les vaccinés.* »

Ces manifestants n'agissent pas pour embêter les autres. Beaucoup auraient préféré s'occuper de leur famille, se détendre ou profiter de la vie. Mais ils ont choisi de se réunir chaque week-end, pour défendre leur liberté de vivre et refuser une injection chimique sans garantie d'absence d'effets secondaires graves à long terme.

Ces manifestations, sans leader, n'ont souvent pas porté leurs fruits. Tourner en rond dans les villes ne suffit pas, et faire un discours bien docile n'est pas comparable aux manifestations viriles des routiers ou des gilets jaunes.

Ces non-vaccinés n'ont jamais fait de mal à une mouche. Et pourtant, c'est eux que le chef de l'État Français veut « EMMERDER ».

Le 4 janvier 2022, il a dit : « Les non-vaccinés, j'ai très envie de les emmerder ».

<u>Par la suite, il a précisé, assumé pleinement ses propos, affirmant qu'il ne souhaitait pas emprisonner les non-vaccinés ni les vacciner de force, mais qu'il était déterminé à les « emmerder » jusqu'au bout pour les inciter à se faire vacciner.</u>

Je ne souhaiterais pas un jour voir mes amis se battre pour survivre à un cancer en phase terminale ou mourir à cause d'un vaccin expérimental. Peut-être ai-je tort de penser ainsi, mais ce qui se dégage des non-vaccinés, c'est l'amour pour tous, et non la haine.

Les non-vaccinés me rappellent les résistants de la Seconde Guerre mondiale, ceux qui ont fortement contribué à la libération de la France. Mon père m'avait raconté jadis ce qu'il avait vu et subi lorsqu'il n'était qu'un enfant. Mon grand-père, résistant, avait été arrêté par trois Allemands dans la cour de l'école, alors qu'il amenait son fils (mon père) à l'école.

Tout comme ces résistants, les non-vaccinés sont des hommes, des femmes, des grands-parents et des enfants, chacun ayant un cœur. Ils sont les résistants modernes, qui refusent de se soumettre à une privation de liberté.

[L'Homme doit protéger l'Homme pour sa liberté.]

« *Les vaccinés et les non-vaccinés font partie de cette liberté.* »

Les héritiers des anciens esclaves savent ce que leurs ancêtres ont vécu.

Aujourd'hui comme à l'époque, est-il normal que certains humains humilient d'autres humains ?

Pourtant, les vaccinés attaquent de plus en plus les non-vaccinés. Ce comportement dégage du dégout, haine, violence, critique, humiliation, et parfois la peur d'être contaminé.

Il fut un temps où certains humains étaient marqués par des signes distinctifs pour être reconnus et discriminés. Les Juifs, les musulmans ou les chrétiens. Ces signes pouvaient être des tissus, brassards, étoiles ou des vêtements, selon les pays. Durant la Seconde Guerre mondiale, les Juifs furent traqués et l'étoile jaune cousue sur leurs vêtements pour mieux les identifier.

Certains non-vaccinés ont repris cette image d'un autre temps pour choquer l'opinion publique et montrer la discrimination dont ils étaient victimes.

> ***L'homme n'a pas à être privé de sa liberté s'il n'a commis aucune faute.***

Alors, pourquoi les politiciens ne défendent-ils pas les non-vaccinés ?

Dans cette crise éprouvante, il serait pourtant judicieux qu'ils fassent preuve d'empathie et dénoncent les violences dont ils sont en partie responsables. Mais comme à leur habitude, ils laissent les violences et les insultes se multiplier sans réagir.

Comme on dit souvent, *« Diviser pour mieux régner. »*

Pendant ce temps, dans le secret défense, d'autres mesures sont mises en place, toujours dans l'objectif de nous contrôler et de nous soumettre. Cependant, de plus en plus de personnes commencent à relever des dysfonctionnements dans ces mesures imposées.

- De plus en plus de citoyens s'inquiètent et constatent que la vaccination n'empêche pas totalement la transmission du virus.
- Les masques ne bloquent pas complètement la diffusion du virus.
- La distanciation, dans un espace non équipé d'un système de ventilation adéquat, n'empêche pas la propagation.

Alors, pourquoi la majorité des médias restent-ils obtus et n'en parlent-ils pas, préférant critiquer les non-vaccinés pour les inciter à se faire vacciner ?

CHAPITRE IV

Les Irresponsables.

À force de conflits permanents, interminables et épuisants, sans jamais qu'un véritable coupable ne soit désigné, les gens finissent par s'obstiner et cherchent désespérément des responsables.

Interrogés dans la rue par les médias, certains affirment que les non-vaccinés sont irresponsables, simplement parce qu'ils ne portent pas de masque, même à l'air libre. Pourtant, aucune étude sérieuse ne démontre clairement l'efficacité du masque en extérieur.

A leurs yeux, vous êtes <u>IRRESPONSABLES.</u>

Mais alors, qui sont réellement les irresponsables ?

Les véritables irresponsables sont sans doute :

- Ceux qui n'ont pas renouvelé les stocks de masques quand il en était encore temps.
- Ceux qui ont laissé l'hôpital public s'effondrer, avec des soignants épuisés, sous-payés et abandonnés.
- Ceux qui ont voulu faire croire que seule la vaccination pouvait nous protéger de la maladie.
- Ceux qui ont incité la population à tester un prototype de vaccin expérimental sans recul suffisant.
- Ceux qui ont demandé au peuple de croire sur parole les laboratoires pharmaceutiques, sans transparence ni débat contradictoire.
- Ceux qui ont refusé d'écouter l'ensemble des spécialistes, médecins, chercheurs, économistes, biologistes et psychiatres, dont les avis divergents auraient pourtant pu enrichir la réflexion collective.
- Ceux qui ont fermé les lieux de culture et de loisirs, sans preuve d'un risque majeur, tout en laissant les transports bondés ouverts chaque jour.
- Ceux qui ont privé les citoyens de leurs libertés fondamentales, en restreignant leurs

déplacements, leurs rencontres et parfois même leurs espoirs.

- Ceux qui ont ignoré la souffrance silencieuse des personnes seules, confinées dans une forme d'isolement comparable à une détention sans lien social.

- Ceux qui n'ont pas compris que l'isolement prolongé, surtout chez les plus modestes, pouvait engendrer des traumatismes profonds, des enfants perturbés, des adolescents désorientés, et des drames humains irréversibles.

- Ceux qui ont puni des personnes âgées simplement parce qu'elles avaient mal rempli une attestation de sortie.

- Ceux qui n'ont pas voulu voir que les dommages collatéraux des mesures sanitaires ont parfois dépassé ceux causés par le virus lui-même.

- Enfin, ceux qui ont engagé des milliards d'euros, hypothéquant l'avenir des générations futures, sans jamais rendre compte sur les choix faits au nom de l'urgence.

Sur l'ensemble de ces points, le talentueux maître de conférences et enseignant « **Guillaume ZAMBRANO** » apporte un œil objectif et éclairé sur le contexte pandémique que nous avons subi.

Ci-dessous, il rappelle notamment les 7 principes fondamentaux du droit, essentiels pour comprendre les enjeux juridiques et éthiques liés au Pass Sanitaire.

<u>LES 7 PRINCIPES FONDAMENTAUX DU DROIT.</u>

« Pass-Sanitaire. »

<u>*1er vice du Pass*</u> : *Si vous lisez la Déclaration des droits de l'Homme et du citoyen de 1789, vous verrez que les droits qui sont proclamés dans cette déclaration sont qualifiés de* : « **Naturels, inaliénables et sacrés.** »

Qu'est-ce que cela veut dire ?

Naturels : *Parce qu'ils ne dépendent pas de l'intervention d'un législateur. Il n'est pas nécessaire qu'il vienne consacre ces droits, qu'il vienne adopter une loi pour qu'ils existent, car ils existent naturellement du simple fait de l'existence humaine.*

Ils sont **Inaliénables** : *Parce que, de la même manière, un législateur ne peut pas venir pour vous les* supprimer, pour retirer aux êtres humains des droits qu'il tient de la nature des choses.

Et **sacrés** : Parce qu'ils forment les piliers fondamentaux, les bases essentielles de toute société démocratique.

Quelles sont les conséquences du Pass-Sanitaire sur les droits de l'Homme ?

Et bien dans un pays très lointain qui s'appelle la France et dans une époque très reculée qui s'appelle l'année 2020, vous aviez le droit naturel d'aller et de venir, le droit naturel de rencontrer vos amis, le droit naturel de vous réunir dans des cafés, dans des restaurants, vous aviez le droit naturel de travailler, etc....

Avec le Pass-Sanitaire, tous ces droits sont remis en cause et sont soumis à une condition qui est d'attester de votre vaccination. C'est un tour de passe-passe. Ce Pass-Sanitaire est un tour de prestidigitateur. C'est comme si un voleur était venu en 2020 vous expliquer au début de la crise, « Donne-moi tes droits fondamentaux, donne-moi ton droit de sortir de ta maison, donne-moi ton droit d'aller au travail, donne-moi ton droit d'aller au café ou au restaurant et *promis, tu me le prêtes seulement. Je vais te le rendre. Une fois la crise terminée, je te rendrai tes droits. »*

Et vous, terrorisé, soumis à la panique, à l'urgence, vous acceptez, vous consentez à ne plus bénéficier de vos droits fondamentaux pour une période déterminée. Juste le temps d'aplatir la courbe.

Et puis 1 an plus tard, le même voleur revient et au lieu de vous restituer vos droits fondamentaux, il vous restitue un privilège qu'il va vous faire payer.

Maintenant, ce ne sont plus des droits qui sont à vous, ce sont des droits qui sont à lui. Il ne vous les restituera que si vous acceptez de vous faire vacciner, que si vous acceptez de vous conformer aux règles sanitaires multiples et changeantes qui varient tous les 15 jours en fonction de l'humeur du chef de l'état.

Ce tour de passe-passe, est une remise en cause de l'idée même du droit naturel. Ce qui était à vous en 2020 n'est plus à vous en 2021, ni en 2022.

<u>2ème vice du Pass</u> : *C'est le principe de présomption d'innocence. Au départ de l'épidémie, l'Organisation mondiale de la santé disait que la bonne stratégie à adopter, c'était de dépister, tracer, isoler, accompagner. C'est-à-dire que seules les personnes*

dont la contagiosité était avérée, faisaient l'objet de mesures extraordinaires, de confinement, de quarantaine, de soins, de privation de liberté en fonction d'un état médical prouvé.

En 2021, avec le Pass, ce principe est inversé. Ce n'est plus à l'état ou aux autorités médicales de prouver que vous êtes malade, c'est à chaque personne de prouver qu'elle n'est pas malade. C'est la preuve d'un fait négatif. Ce que l'on appelle en droit, « **une probatio diabolica** », une probation diabolique. C'est une preuve diabolique parce qu'elle est impossible à rapporter.

[On ne peut jamais prouver que le diable n'existe pas….]

On ne peut jamais prouver son innocence, car c'est à l'accusation de prouver la culpabilité. Parce qu'on ne peut jamais prouver que l'on n'a pas commis la chose par définition.

L'état ne va pas prendre la peine de prendre soin de la population et d'identifier les personnes malades. L'état va imposer à tout individu de prouver en permanence tous les jours et à chaque heure de la journée qu'il n'est pas malade.

Tout le monde devient suspect, tout le monde devient coupable d'une contagiosité potentielle. Vos libertés sont réduites parce que vous êtes suspecté d'être contaminant.

C'est un renversement de la charge de la preuve et la transformation de tous les citoyens suspects, pour une durée indéterminée puisqu'il existera toujours à la surface de la planète quelqu'un quelque part qui aura eu ou qui aura la Covid-19 et qui sera susceptible de vous contaminer. Nous serons tous indéfiniment suspects d'être contaminants.

3<u>ème vice du Pass</u> : C'est le principe de l'égalité des délits et des peines. En droit pénal, si vous ouvrez un code pénal, vous allez voir que pour chaque délit, chaque crime, une sanction bien définie est prévue avec un plafond maximum de peine.

Si vous commettez un homicide, si vous commettez un vol, si vous êtes reconnu coupable de ce crime ou de ce délit, le juge ne peut pas prononcer une peine arbitraire. Il ne peut pas inventer la sanction pénale. Il doit prononcer la sanction qui est prévue par le code.

Cela peut être une peine d'amende. Vous allez alors devoir verser une somme d'argent dans le plafond déterminé. Ou cela peut être une peine de privation de liberté prononcée par un juge pour une durée. Alors, il y a des garanties procédurales pour faire en sorte que les gens qui sont privés de liberté n'ont pas été placés en prison sur la base d'une erreur judiciaire. On s'assure de la culpabilité des condamnés.

Avec le Pass-Sanitaire, on a inventé un nouveau type de sanction. Ce n'est pas une sanction pénale au sens classique du terme, ce n'est pas une peine d'amende pour non-port du masque que l'on a connu. C'est une sanction sociale. C'est une répression sociale qui va attaquer votre capacité à nouer des relations avec vos semblables, votre capacité à avoir un travail et à exercer votre activité, votre capacité à accéder à des lieux, à des loisirs, votre capacité à vous faire soigner, à obtenir un soin à l'hôpital quand vous êtes malade. Votre droit à la vie privée, votre droit à la santé, votre droit au travail deviennent des instruments de sanction, des instruments de punition.

Or depuis le Moyen-âge, depuis le 18ème siècle, depuis la déclaration des droits de l'homme et des citoyens, on a abandonné les peines infamantes. On a abandonné les peines qui reposent sur le bannissement, l'exclusion sociale, la mise au pilori, l'humiliation publique.

Le Pass-Sanitaire vient rétablir des sanctions archaïques, des sanctions barbares. Il n'y a pas d'autres mots pour qualifier cela, ce sont des peines barbares parce qu'elles sont des peines arbitraires qui ne sont pas égales pour tous, et qui visent à attaquer la personne elle-même et pas simplement à vous infliger une peine d'amende, ou à vous emprisonner pour un temps déterminé dans un lieu spécial prévu pour cet effet.

<u>4ème vice du Pass</u> : C'est le principe de proportionnalité. La proportionnalité, c'est l'équilibre qui doit régner de l'importance du droit fondamental en cause, (votre vie privée, le droit d'aller au restaurant ou au cinéma.) Ce droit à la vie privée n'a pas une valeur absolue, il peut être soumis à des restrictions mais ces restrictions doivent être équilibrées, doivent être proportionnées à l'importance du droit en cause.

Donc, on ne peut pas réduire votre droit à la vie privée pour un motif futile et superficiel. Il faut qu'il y ait un motif d'intérêt général suffisamment lourd pour justifier une atteinte à un droit fondamental.

Or, avec le Pass-Sanitaire, lorsqu'on pratique ce test de proportionnalité, il faut se demander si le Pass-

Sanitaire est la seule mesure, la seule réaction que peut avoir la société face à la crise d'épidémie.

Face à une épidémie, il faut effectivement isoler les malades et non pas isoler toute personne qui ne peut pas prouver qu'elle n'est pas malade. Face à une crise épidémique, on peut soigner les malades et non pas simplement se reposer sur un état vaccinal, sur une vaccination.

Des mesures alternatives existent à ce Pass-Sanitaire pour sauver la société de cette pandémie. Par conséquent, ce Pass-Sanitaire est disproportionné puisqu'on n'en imagine pas d'autres mesures pour lutter contre l'épidémie qui seraient moins restrictives des libertés pour la population générale.

<u>5ème vice du Pass</u> : c'est le principe du consentement thérapeutique libre et éclairé. Quelle que soit l'activité médicale, toujours en tout temps et en tout lieu, c'est la même règle de droit qui s'applique, le consentement thérapeutique doit être libre de contrainte et éclairé avec des informations suffisantes et honnêtes.

Or, le but avoué et revendiqué du Pass-Sanitaire, c'est de pourrir suffisamment la vie de la population de manière à les inciter à se vacciner. De ce fait, vous avez de nombreuses personnes qui vont se faire *vacciner, non pas parce qu'elles ont envie de se faire vacciner, non pas parce qu'elle pense qu'elles ont besoin de se faire vacciner, mais parce qu'elles ont envie d'aller au restaurant, parce qu'elles ont envie d'aller au cinéma, parce qu'elles ont envie de partir en vacances.*

Ce n'est donc pas un consentement libre et éclairé. Ce n'est pas un consentement à un traitement thérapeutique, c'est un consentement conditionné à aller au cinéma ou au restaurant. Dans ce cas de figure, nous sommes en violation flagrante avec ce principe fondamental de la médecine.

*<u>6ème vice du Pass</u> : « **Primum non nocere** » D'abord, la médecine ne doit pas nuire aux malades. Or avec le vaccin, avec ce vaccin généralisé, on souhaite vacciner la population pour réduire sa contagiosité, cela veut dire que l'on souhaite vacciner des personnes jeunes, des personnes qui n'encourent pas le risque de développer la maladie, pour protéger d'autres personnes vaccinées qui par définition forcément n'encourent pas de grands risques puis ce qu'elles sont vaccinées.*

Cela signifie que le bénéfice thérapeutique pour la personne vaccinée dont le risque est pratiquement nul peu développer des effets secondaires et peut toujours entrainer des formes graves allant jusqu'à la mort. Par exemple, vous entendez par les médias des personnes vaccinées qui décèdent ou qui subissent des accidents médicaux très graves alors que ces personnes ne courraient pas fondamentalement de risque sur la Covid-19.

Sur ce principe, nous avons un problème par rapport à ce principe « **Primum non nocere** » parce qu'il va être administré sciemment un vaccin à des personnes qui n'en n'ont pas besoin, qui n'ont pas vraiment un bénéfice thérapeutique du fait de cette vaccination pour un motif que l'on qualifie d'altruisme, pour protéger les autres. Sauf que le principe de la médecine, n'est pas de soigner les malades pour protéger les autres, mais de soigner les malades pour les protéger eux-mêmes.

7ème vice du Pass : C'est le principe de précaution qui prévoit, lorsque les risques sont incalculables, lorsque les risques ne peuvent pas être mesurés ou lorsque le risque qui est créé est irréversible, irréparable, la seule réaction correcte pour un principe de précaution, c'est l'abstention.

Il faut s'abstenir de créer des risques non calculés, non-calculables ou des risques irréparables. Si vous cherchez l'origine du principe de précaution, il date de

1975, de la conférence d'Asilomar, qui a été organisée par le chimiste américain (Paul Berg) qui avait reçu le prix Nobel de chimie en 1970 sur des expériences de transgénèse, de modification génétique de bactéries, en ajoutant dans le génome de ces bactéries des séquences génétiques de virus, séquence qui était cancérigène.

Vous avez donc un prix Nobel de chimie qui se met à faire des expériences de modification génétique, et se rend compte qu'il va créer potentiellement un risque incalculable parce qu'il va modifier des bactéries qui sont présentes chez tous les êtres humains, et il va leur donner une mutation qu'elles n'ont pas acquise naturellement et cette mutation est cancérigène.

Face aux risques, non-calculables, non-mesurables et irréversibles de la diffusion de cette technologie, Paul Berg a décidé de s'abstenir de poursuivre ses recherches et d'inviter ses collègues qui menaient des projets scientifiques similaires à une grande conférence, pour promulguer le principe de précaution.

<u>*Que faire ?*</u> *: Ce Pass-Sanitaire est fondamentalement vicié. Le seul objectif que nous devons poursuivre, est d'obtenir son abrogation totale. Non pas obtenir des amendements, des aménagements ou un*

adoucissement. Il faut obtenir l'abrogation totale des lois sur le Pass-Sanitaire qui sont fondamentalement attentatoires à nos libertés publiques.

Mais nos politiciens ne cessent de nous imposer des mesures et de nous rappeler les gestes barrières qu'ils ne respectent même pas eux-mêmes. Combien de fois les a-t-on vus serrer des mains, ignorer les distances de sécurité et se passer du port du masque ? Parfois même s'enlacer devant les caméras.

Pendant ce temps, Pfizer se frotte les mains. Pour ce géant et ses semblables, c'est le GRAAL. Des milliards et des milliards d'euros à la clé.

(Ils s'enrichiront massivement.)

Tandis que des millions d'êtres humains vivent dans la précarité, ces entreprises et laboratoires amassent des fortunes colossales.

Mais au fond, qui est réellement Pfizer ?

Pfizer est une société pharmaceutique américaine fondée en 1849. Leader mondial du secteur, elle est présente dans plus de 150 pays. Son chiffre d'affaires, déjà considérable avant la pandémie, atteignait près de 52 milliards de dollars. Au fil des années, Pfizer a racheté plusieurs de ses concurrents à travers le monde, gagnant ainsi toujours plus de pouvoir et de valeur.

En novembre 2019, l'entreprise annonce disposer d'un candidat vaccin contre la Covid-19. Cette nouvelle provoque un véritable emballement des marchés financiers. Ses actions s'envolent, et son influence aussi.

Dans le monde pharmaceutique, ces sociétés ressemblent parfois à des savants fous, capables du meilleur comme du pire.

Souvenez-vous de Monsanto ! « La science, c'est l'avenir », disaient-ils. Mais sans contrôle, sans validation rigoureuse ni évaluation des risques, tout peut rapidement déraper. Les peuples deviennent dépendants, et la science s'enrichit.

Est-ce vraiment mieux ainsi ?

Innover dans la découverte de nouveaux génomes est sans doute une avancée pour la compréhension du vivant. Comme toute technologie, cela peut être une formidable évolution à condition d'être encadrée.

Mais qui contrôle tout cela, quand si peu de gens ont réellement les compétences pour le faire ?

Ces avancées sont peut-être porteuses d'espoir, mais elles peuvent aussi avoir des conséquences irréversibles. Personnellement, je n'ai aucune envie d'être l'équivalent d'un rat de laboratoire.

Avoir un vaccin, c'est bien. Mais encore faut-il qu'il confère une immunité réelle contre le virus. Et un vaccin n'a de valeur que s'il fonctionne réellement, et dans ce cas seulement, Pfizer et ses homologues peuvent être considérés comme bienfaiteurs.

Prenons un peu de recul !

Lorsqu'on conditionne un individu à faire quelque chose, il finit par obéir. Pourtant, le rôle des institutions devrait être d'éveiller les consciences, non de les formater. Créer des individus dociles, conformes à une idéologie, c'est fabriquer des réflexes conditionnés plutôt que des esprits libres.

Qui se souvient encore des mensonges des politiques ou des industriels ?

C'est pourquoi il est essentiel que des archives libres soient accessibles à tous, afin que chacun puisse savoir à qui il a affaire.

Construire un avenir stable et rassurant ne peut se faire que par la conscience et la mémoire. Au cours des deux dernières décennies, le groupe Pfizer et plusieurs de ses filiales ont été plusieurs fois sanctionnés par la justice américaine pour des pratiques commerciales et médicales trompeuses, mettant en évidence un schéma récurrent de manquements à l'éthique et à la transparence :

- En 2000 : une filiale de Pfizer est condamnée à 30 millions de dollars pour violation répétée des règles de sécurité de la FDA.

- En 2002 : 49 millions de dollars d'amende pour fausses déclarations médicales.

- En 2004 : la filiale Warner-Lambert est condamnée à 190 millions pour publicité mensongère et promotions illégales de certains produits, puis à 430 millions pour des pratiques similaires.

- En 2005 et 2006 : King Pharmaceuticals doit payer deux fois 124 millions pour falsification de faits et fausses déclarations.

- En 2008 : 60 millions de dollars pour publicité mensongère et promotions illégales.

- En 2009 : 331 millions pour pots-de-vin et corruption de médecins et de fonctionnaires, et la même année,

Pfizer accepte une amende de 2,3 milliards de dollars pour promotion et vente de médicaments inadaptés à grande échelle.

- En 2010 et 2012 : la filiale Alpharma et d'autres filiales écopent de plusieurs dizaines de millions pour publicité mensongère et violation de la sécurité.

- En 2013 et 2014 : diverses filiales sont condamnées à des amendes allant de 35 à 490 millions pour pratiques commerciales trompeuses et présentation déloyale de produits.

- En 2016 : le siège de Pfizer est condamné à 784 millions pour falsification et publicité mensongère, et Wayer Pharmaceutical écope de 371 millions pour falsification.

- En 2019 : 41 millions pour diffusion de faits falsifiés auprès du ministère de la Justice américaine.

Ces condamnations montrent que Pfizer a été à plusieurs reprises reconnu coupable par le ministère de la Justice américaine pour avoir diffusé des informations fausses et trompeuses et pour avoir encouragé illégalement la prescription de médicaments et la promotion de produits dont l'efficacité ou la sécurité était inefficaces.

Pfizer a été reconnu coupable de : « <u>Charlatanisme aggravé.</u> »

Nous remarquons clairement que cette société ne semble pas se soucier des amendes qu'elle reçoit et pourrait continuer ses pratiques, car pour elle, ce n'est qu'une question de business. Il paraît inconcevable que les médias n'aient presque jamais relayé les accusations de pratiques douteuses visant Pfizer.

N'est-ce pas là une information essentielle que le public devrait connaître avant de se faire vacciner ?

Pfizer semble avoir développé certaines habitudes pour placer ses produits. Pour l'entreprise, c'est uniquement une question de profit. Et comme tout bon acteur du marché, elle maîtrise parfaitement les rouages du système ainsi que les risques judiciaires.

Ainsi, en 2021, le **Bureau of Investigative Journalism** accuse Pfizer d'avoir recours à « l'intimidation » et au « harcèlement de haut niveau » dans ses négociations avec plusieurs pays d'Amérique latine.

Pour obtenir la livraison de vaccins, Pfizer aurait exigé de se dégager de toute responsabilité en cas d'effets indésirables, même en cas de négligence, de fraude ou de malveillance. Plus encore, elle aurait demandé à certains pays, notamment l'Argentine et le Brésil, de mettre en gage des actifs souverains, y compris des bases militaires et les réserves de leurs banques centrales, pour couvrir d'éventuels frais juridiques ou d'indemnisation à des victimes.

Un procédé pour le moins surprenant, et qui pose de sérieuses questions sur l'éthique et la responsabilité d'un géant pharmaceutique.

> « *Normalement, celui qui n'a rien à se reprocher n'a peur de rien.* »

Si l'on avance l'hypothèse que nos enfants pourraient subir une aggravation de leur santé directement liée à la vaccination dans les années à venir, pouvons-nous avoir la garantie que cela n'arrivera pas ?

Pourquoi inciter les enfants à prendre un risque pour un vaccin encore expérimental ?

Donc, en résumé, depuis le début de cette pandémie :

- Le vaccin devait empêcher l'infection. Pourtant, plus on vaccinait, plus il y avait de cas. (Conclusion, le vaccin n'empêche ni l'infection, ni la circulation du virus.)

- Il devait ensuite empêcher la transmission de la Covid-19. Mais les gens continuent de tomber malades. (Conclusion, c'est le premier vaccin qui n'empêche pas d'être malade.)
- On a ensuite dit qu'il réduisait les formes graves, mais aucune étude ne permet de le démontrer de manière fiable, surtout avec l'apparition de variants plus bénins. (De ce fait, il est facile de réinterpréter les données pour attribuer au vaccin des effets liés à la nature même de la maladie.)

Alors, pourquoi vacciner les enfants ?

Selon certains scientifiques et responsables politiques, les enfants ne sont pas à risque, mais pourraient transmettre le virus à d'autres. Or, aucune preuve solide n'a démontré une réduction de la transmission grâce à la vaccination. Vacciner des enfants pour prévenir une transmission qui n'a jamais été clairement prouvée est questionnable.

Les essais cliniques et les études en vie réelle n'ont pas permis de démontrer un avantage clair, malgré les tentatives pour justifier la mise sur le marché de ce produit. Il existe un vrai problème de méthodologie et d'analyse, car la vaccination ne réduit pas la transmission.

Nos politiques ne semblent pas avoir appliqué le principe de précaution et ne sont pas en mesure de conclure sur l'efficacité ou les risques. Et si les professionnels de santé ne sont pas unanimes sur les méthodes, c'est peut-être pour une bonne raison.

Au vu du faible pourcentage de décès liés à la Covid-19 chez les enfants et les personnes en bonne santé, cette vaccination pourrait n'être qu'une opportunité financière pour certains investisseurs, présentée comme une campagne marketing pour atteindre un objectif déterminé.

Et comme nous l'avons remarqué, de nombreux médecins s'opposent à la vaccination systématique des enfants et des personnes sans comorbidité. Dans ce cadre, il aurait été plus judicieux que tous les professionnels de santé se réunissent pour fournir des informations claires et transparentes, afin d'éviter tous conflits d'intérêts, d'incohérences et de quiproquos qui ont émergé au fil de la pandémie.

« *Tout se sait, tôt ou tard.* »

Et lorsque la vérité éclatera pleinement, il n'est pas impossible que l'on découvre que beaucoup ont été manipulés, consciemment ou non, par des acteurs aux intentions moins nobles qu'ils ne le prétendaient. Des personnes malhonnêtes, dissimulées à différents niveaux de décision, qui ont su profiter d'un contexte de peur et d'urgence pour servir leurs propres intérêts.

Par exemple.

Comment expliquer que de nombreux médecins ou chirurgiens, propriétaires et gérants de leurs cabinets privés, non vaccinés pour des raisons personnelles, se voient refuser le droit d'exercer, alors qu'ils se font remplacer par des confrères vaccinés ?

Ces professionnels de santé s'étaient organisés pour respecter la loi et éviter tout contact avec les patients. Pourtant, l'Ordre des médecins et des chirurgiens-dentistes n'a pas autorisé l'ouverture de leurs cabinets, interprétant cette organisation comme une tentative de contournement de la loi.

Ainsi, le gérant ne peut embaucher du personnel pour se faire remplacer afin de soigner ses patients et préserver son cabinet. De fait, ces professionnels ne peuvent exercer que s'ils sont eux-mêmes vaccinés.

Ne s'agit-il pas là, d'une manipulation, d'une incitation, d'un abus de pouvoir, où d'un chantage vaccinal ?

D'une complicité avec le gouvernement ?

Il serait surprenant que cela ne soit pas le cas, puisque chaque mois apporte son lot de nouvelles exigences et de sacrifices avec les mêmes méthodes.

À partir du 22 décembre 2021, les politiques ont également décidé de vacciner les enfants dès l'âge de 5 ans.

Mais y a-t-il une limite à cette mascarade ?

> Et si finalement, les personnes vaccinés contribuaient involontairement à entretenir la pandémie à l'échelle mondiale ?

HYPOTHESE :

En effet, une personne venant d'être vaccinée peut présenter un taux de charge virale très élevé pendant quelques jours après l'injection.

Pendant cette période, ces personnes continuent à vivre normalement et à se déplacer dans tous les lieux autorisés, en interaction avec d'autres individus. Sans le savoir, elles peuvent transmettre involontairement le virus à des centaines de personnes qu'elles croisent, alors que ces contacts n'auraient jamais entraîné d'infections autrement.

<u>Conclusion</u> :

Il est donc possible que des dizaines de personnes aient été infectées par des contacts qui, sans la mise en œuvre de certaines politiques sanitaires ou vaccinales, n'auraient peut-être jamais eu lieu.

Prenons l'exemple de l'Australie. Un pays-continent géographiquement isolé, qui, dès les premiers signes de la pandémie, a adopté des mesures extrêmement strictes. Un confinement total, une fermeture des frontières et une quarantaine obligatoire. Tout fut mis en place pour contenir le virus. Et pendant un temps, la stratégie sembla porter ses fruits. Les cas chutèrent presque à zéro.

Mais, craignant une résurgence de l'épidémie, le gouvernement australien lança ensuite une campagne de vaccination massive. L'une des plus rigoureuses du monde, atteignant près de 90,2 % de la population entièrement vaccinée, et environ 6 % ayant reçu une première dose, soit près de 50 millions d'injections, y compris les rappels.

Pourtant, en janvier 2022, le pays faisait face à une flambée record de contaminations, dépassant les 821 000 cas. Un paradoxe troublant, d'autant plus que certains pays bien moins vaccinés affichaient, au même moment, un nombre d'infections nettement inférieur.

Est-ce le fruit du hasard, ou bien la conséquence d'une méthode que l'on n'a pas encore pleinement compris ?

Sans vouloir dramatiser, il semble que la responsabilité individuelle joue un rôle bien plus central que ce qu'on a voulu nous faire croire. La santé, avant d'être une affaire d'État ou de laboratoire, reste avant tout une affaire personnelle.

Notre immunité est le premier rempart contre la maladie, et elle dépend largement de notre mode de vie. Les principaux facteurs qui affaiblissent le système immunitaire sont connus depuis longtemps :

- Une alimentation excessive ou déséquilibrée
- Le manque de sommeil
- Le tabagisme
- La consommation d'alcool ou de drogues
- L'absence d'activité physique régulière
- Une alimentation industrielle, trop riche en produits transformés, comme les conserves et les surgelés

- Le stress chronique et le manque de lumière naturelle

Ces comportements fragilisent le corps, réduisent ses défenses et augmentent la vulnérabilité face aux infections.

Autrement dit, chacun détient une part de responsabilité dans sa propre santé. Si certains négligent leur corps et leur équilibre, il est injuste de faire porter à d'autres la faute de leur fragilité. La prévention, la discipline personnelle et le bon sens devraient être les premiers vaccins universels.

***

Les personnes en bonne santé ne devraient pas subir une privation de liberté ou être contraintes à la vaccination pour protéger ceux qui sont fragiles, comme les personnes âgées, immunodéprimées ou en situation de comorbidité. Ces dernières n'ont souvent jamais pris soin de leur santé, mais ce n'est pas aux autres d'en payer le prix. Il est injuste que ceux qui entretiennent leur santé et prennent soin de leur organisme soient traités de la même manière que ceux qui, n'ont jamais pris la mesure de leur propre fragilité. Ce n'est pas aux uns de payer le prix du manque de prévention des autres.

La bonne stratégie aurait été de protéger les personnes à risque et :

- de les faire suivre par leur médecin traitant,
- de leur expliquer clairement les risques d'infection,
- de détailler les avantages et inconvénients de la vaccination.

Ce virus semble affecter principalement les personnes fragiles, âgées ou immunodéprimées, comme c'est le cas chaque année pour la grippe saisonnière.

Dès lors, l'acharnement avec lequel certaines autorités ont voulu imposer une vaccination généralisée interroge.

Pourquoi contraindre toute une population à recevoir un vaccin qui, de surcroît, n'empêche ni la transmission, ni l'infection ?

La santé publique ne peut pas servir de prétexte à une restriction des libertés fondamentales. Aucune démocratie ne devrait conditionner la liberté de ses citoyens à un acte médical. Se faire vacciner doit rester un choix personnel, éclairé, et non une obligation dissimulée sous la pression sociale ou politique.

En résumé.

Pour la Covid-19 :

- 70% ≃ de la population ont des symptômes similaires à un simple rhume.
- 25% ≃ nécessitent des soins pour éviter une aggravation.
- 5% ≃ des plus fragiles finissent aux urgences.
- La Covid ne fait pas autant de morts qu'on le prétend.
- Elle est principalement dangereuse pour les personnes fragiles.

Pour le Vaccin de la Covid-19 :

- Il est surtout nécessaire pour les personnes fragiles. Quel intérêt pour les autres, qui n'ont aucun risque de forme grave ?
- 2 mois de vie d'une souris correspondent ≃ à 7 ans chez l'humains. Où sont les tests sur les effets à long terme chez l'humain ?
- Quelles garanties contre le déclenchement de cancers ou de malformations fœtales chez une femme enceinte à venir ?

- Une personne vaccinée peut transmettre la Covid autant qu'une personne non vaccinée.

- L'efficacité du vaccin ne correspond absolument pas aux 92% d'efficacité initiale, pourtant son coût d'achat reste inchangé.

***

Pour le peuple, un chantage à l'accès aux loisirs ou à la liberté est indigne d'un politicien. Inciter à l'injection d'un produit potentiellement dangereux constitue une véritable prise de risque.

Si l'incitation se fait sous peine de privation de liberté, la vaccination devient une obligation déguisée, et le consentement obtenu devient potentiellement une CONTAMINATION VACCINALE consentie sur la base de fausses déclarations.

Il est légitime de se demander, si l'Europe s'était fait berner par nos amis Américains ?

L'Europe, qui a le pouvoir de définir des directives supposées bonnes pour nous, pourrait nous orienter involontairement sur un chemin de santé aléatoire qu'elle ne maîtrise pas.

À l'époque, nous aurions peut-être pu acheter le vaccin russe, plus conventionnel, plutôt que de donner du crédit à un nouveau type de vaccin américain, au profit des lobbies et des intérêts commerciaux.

Pourquoi diaboliser les scientifiques russes ?

Ils nous ont tendu la main, et nous les avons rejetés, préférant une fois de plus faire du business avec les Américains. Pourtant, les Russes ne sont pas nos ennemis. Ce sont des hommes et des femmes comme nous, avec des familles, des enfants, des émotions, des valeurs, de la détermination et la capacité d'aimer. Ils ne sont pas des monstres, contrairement à ce que certains aimeraient faire croire.

Comme dans toutes les sociétés, il y a des gens bons et des gens mauvais, partout, quel que soit le peuple. Nous ne sommes ni meilleurs ni différents.

Rappelons l'histoire :

Le peuple soviétique (actuelle Russie) s'est sacrifié contre l'Allemagne nazie pendant la Seconde Guerre mondiale. Lors de l'invasion de l'Europe par l'Allemagne en juin 1941, des millions de Soviétiques sont morts au combat. Si vous visitez ce pays, vous verrez de nombreux monuments aux morts et une flamme constamment allumée, gardée en mémoire des libérateurs morts pour l'Union soviétique, mais également pour la France.

Ce n'est pas parce qu'un représentant de ce peuple mène aujourd'hui une guerre contre l'Ukraine qu'il faut diaboliser le peuple russe.

Ci-dessous, la photographie de prisonniers de guerre soviétiques dans le camp de concentration nazi de Mauthausen en Autriche.

Oui, les ancêtres de la Russie ont aussi participé à la libération de la France entre autres !

Entre juin 1941 et mai 1945, deux à trois millions de prisonniers soviétiques sont morts dans les camps nazis, soit 57 % de tous les prisonniers de guerre soviétiques. Au total, le conflit a fait environ 12 millions de soldats morts et 14,5 millions de civils, avec quelque 2,5 millions d'invalides et des centaines de milliers de personnes réduites à la mendicité faute de prise en charge. Peut-être qu'à défaut de leur sacrifice, nous parlerions aujourd'hui allemand.

Quelques points à retenir :

- L'Amérique n'est pas l'unique libératrice.
- La libération de la France a été le fruit de l'ensemble des résistants français, des anglais, des canadiens, des australiens, des américains, de l'URSS, ainsi que d'autres nations.

« Depuis cette époque, les États-Unis ont pris l'habitude d'intervenir sur divers conflits souvent avec intérêt et malice. »

Ne serait-il pas juste de se demander si les tensions diplomatiques actuelles avec la Russie ne portent pas une part de responsabilité américaine ?

Pourquoi l'OMS, influencée par les États-Unis, n'a-t-elle homologué aucun vaccin russe ?

Il n'y a aucune raison scientifique que le vaccin Russe ne soit pas efficace.

Serait-il moins performant et plus cher, ou plus performant et moins cher que celui des Américains ?

***

Deux Scientifiques Américains témoignent des irrégularités concernant le virus, les vaccins ainsi que de variants.

Voici ce qu'ils disent.

« Le comité international de taxinomie des virus et de l'organisation mondiale de la santé ont fourni les séquences génétiques actuelles qui ont été comparées avec les dossiers de brevet disponibles au printemps 2020. Dans ce rapport, il y a plus de 120 preuves brevetées qui suggèrent que la déclaration d'un nouveau coronavirus est entièrement une erreur. Il n'y a pas de nouveau coronavirus, il existe d'innombrables modifications très subtiles des séquences de coronavirus qui ont été téléchargées. Ce que l'on appelle la Covid-19 associé à ce que l'on appelle le Vaccin ARNm est une arme biologique. »

« Il n'existe pas de variant alfa, béta, gamma, delta ou omicron. C'est un moyen désespéré afin que les individus soient contraints d'accepter quelque chose qu'ils n'accepteraient pas autrement. Dans aucune des études publiées, il n'est fait mention de ce que l'on appelle le variant delta ou autre. Il n'y a pas eu d'étude sur les populations. Par contre, ce qui a été estimé, ce sont des simulations informatiques. En 2022, il n'y avait toujours aucun document établissant l'apparition d'une nouveauté depuis novembre 2019, ni permettant de distinguer cliniquement des éléments antérieurs à cette date. »

« Pour les personnes vaccinées et pour les femmes enceintes d'un bébé de sexe féminin, il y a deux trimestres pendant lesquels les ovaires du corps à l'intérieur de votre bébé vont créer tous les ovules qu'ils auront pour leur propre vie. L'infertilité qui en résultera, ne concerne pas cette génération. Vos bébés vont naitre sans pouvoir avoir d'enfant et pour certains le développement de leur cerveau sera endommagé. Leur cerveau sera dégénéré. Donc, vous allez avoir des bébés, ils auront l'air normaux, ils auront 18, 19 ou 20 ans et ils n'auront plus d'ovule avec lequel être enceinte. »

« Nous ne pouvons qu'émettre des hypothèses basées sur des preuves et témoignages disponibles que nous avons. Le vaccin n'a peut-être pas qu'un seul but de santé publique, mais potentiellement un autre objectif. »

Message du docteur Martin Schwab.
Professeur en neurosciences à l'université de Zurich et président MCA internationale innovation management.

***

« Ce vaccin génétique qui est basé sur la technologie ARNm que j'ai inventée. Il y a trois points essentiels que les parents doivent comprendre avant de prendre la décision irrévocable de vacciner leurs enfants. La première est qu'un gène viral sera injecté dans les cellules de votre enfant. Ce gène force le corps de votre enfant à fabriquer des protéines de pointes toxiques. Ces protéines causent souvent des dommages permanents dans les organes vitaux des enfants. Ces organes comprennent leur cerveau et le système nerveux, leur cœur et leurs vaisseaux sanguins, y compris la formation de caillots sanguins et leur système reproductif. Le plus important, est que ce vaccin peut déclencher des changements fondamentaux dans leur système immunitaire. Le point le plus alarmant à ce sujet est qu'une fois que ces dommages ont eu lieu, ils sont irréparables. Ils ne peuvent pas être inversés. Vous ne pouvez pas réparer les lésions dans leurs cerveaux. Vous ne pouvez pas réparer les cicatrices du tissu cardiaque. Vous ne *pouvez pas réparer un système immunitaire réinitialisé génétiquement. Et ce vaccin peut causer des dommages au système reproducteur qui pourraient affecter les générations futures de votre famille. La deuxième chose que vous devez savoir concerne le fait que cette nouvelle technologie n'a pas été testée de manière adéquate. Nous avons besoin d'au moins cinq ans de tests et de recherche avant que nous puissions vraiment comprendre les risques associés à cette nouvelle technologie. Les effets néfastes et les risques des nouveaux médicaments sont souvent révélés des années plus tard seulement. S'il vous plait, en tant que parent, posez-vous cette question. Voulez-vous que votre enfant fasse partie de l'expérience la plus radicale de l'histoire de l'humanité ? Un dernier point. La raison qu'ils vous donnent pour vacciner votre enfant est un mensonge. Vos enfants ne représentent aucun danger pour leurs parents ou grands-parents, c'est même le contraire. Après avoir contracté le Covid, leur immunité est essentielle pour sauver votre famille, voire le monde de cette maladie. Enfin, en résumé, il n'y a aucun avantage pour vos enfants ou votre famille à les faire vacciner contre le faible risque du virus. Etant donnés des risques reconnus que posent ces vaccins pour la santé. Ces risques, en tant que parent, vous et vos enfants devraient vivre avec eux pour le reste de votre vie. L'analyse bénéfice risque, n'est absolument pas favorable à ces vaccins s'agissant des enfants. En tant que parent et grand parent, je vous recommande vivement de résister et de vous battre pour protéger vos enfants. »*

<u>Message du docteur Robert Malone</u>.
Virologue immunologiste (Inventeur de ARNm)

***

Dans le monde, tous les pays n'ont pas le même taux de vaccination contre la Covid-19. Au début de la campagne, de nombreux États ont suivi le mouvement, non pas toujours par conviction scientifique, mais parfois pour ne pas paraître en retard ou imprudents aux yeux de leur population.

D'autres gouvernements ont certainement été influencés par une abondance d'arguments techniques et de recommandations provenant de laboratoires et de scientifiques.

Au final, la peur et la pression sociale ont suffi à convaincre certains gouvernements de se conformer rapidement aux stratégies vaccinales, parfois sans preuve tangible du danger ou du bénéfice immédiat pour leur population.

Il est également important de noter que, même si tous les vaccins ne sont pas officiellement reconnus par l'OMS, ils sont souvent comptabilisés dans les statistiques mondiales de vaccination. Cette pratique peut créer des incohérences dans les données officielles et nourrir un sentiment de méfiance.

En conséquence, les personnes impliquées dans des manipulations ou des mensonges, visant un enrichissement direct ou indirect, s'exposent potentiellement à des sanctions légales et morales.

DÉFINITIONS et RESPONSABILITÉS SUPOSÉES LIÉES AUX :

« Évènements Covid-19 »

Les interrogations et sanctions possibles :

-Atteintes aux personnes humaines. /

-Expérimentation médicale sur les êtres humains. /

-Incitation à l'injection d'un produit expérimental. /

-Infection délibérée. /

Escroquerie. /
L'escroquerie consiste, selon la loi, à tromper une personne physique ou morale par l'usage d'un faux nom, d'une fausse qualité, ou par l'emploi de manœuvres frauduleuses, afin d'obtenir des fonds, des biens ou des services au détriment de la victime.

Tromperie aggravée. /
La tromperie aggravée est une infraction intentionnelle, caractérisée par la mauvaise foi et le fait de masquer la réalité ou de garder silence sur certains défauts d'un produit. En France, l'escroquerie peut être sanctionnée par 2 ans de prison et 300 000 € d'amende, et le dol peut entraîner l'annulation d'une transaction (article 1137 du Code civil).

On peut alors se demander :
Que devient un État qui utilise l'argent des contribuables pour acheter des millions de doses de vaccins, tout en organisant la population pour se faire vacciner sur une base discutable ?

Comment expliquer des dépenses si élevées alors que d'autres pays ont dépensé beaucoup moins pour des résultats similaires ?

Nos représentants seraient-ils si incompétents ?

À l'origine, la vaccination a été justifiée par l'intérêt général, dans l'idée d'éviter la contamination d'un individu afin de protéger les autres. Or, selon la Haute Autorité de Santé (HAS), dans son rapport du 23 décembre 2020, en page 8 :

*« 3/ L'indication délivrée par l'autorisation de mise sur le marché conditionnelle du vaccin Pfizer/BioNTech dans « l'immunisation active pour prévenir la COVID-19 causée par le virus SARS-CoV-2 chez les personnes de 16 ans et plus » repose sur des données d'efficacité cliniques et de sécurité disponibles à ce stade pour ce vaccin (efficacité sur les formes symptomatiques de COVID-19 **et non sur sa transmission**). »*

Ils nous ont donc incités à nous injecter un produit sur un faux argument.

La vaccination n'évite pas la transmission et il n'existe aucune donnée confirmant une efficacité absolue contre la Covid-19 à ce jour dans la population générale.

Toutes les personnes impliquées dans la dynamique d'incitation en faveur de la vaccination de masse, devront un jour, répondre de leurs actes. Toutes les professions qui ont de près ou de loin participé à influencer, donné des conseils ou promulgué des consignes sans en apporter la moindre preuve ou justificatif, incitant la population à se faire vacciner et à suivre les recommandations absolues du gouvernement, devront un jour, répondre de leurs actes devant la justice.

Les professionnels, centres ou associations de santé, centre hospitalier et médecins, laboratoires, expert de la santé, journalistes, médias, représentants politiques, motivés pour dynamiser et justifiés le bien-fondé de la vaccination sans fournir de donnée ou en évitant de fournir certaines données ou une partie des données ou en l'absence de données, ne peut être une raison suffisante se rendent complices pour justifier une vaccination de masse.

Un avis personnel ou une recommandation individuelle ne constitue pas une preuve scientifique. Participer à l'incitation à la vaccination de masse, sans données fiables et vérifiables, rend potentiellement complices ceux qui ont influencé la population.

L'avis personnel d'un professionnel n'est pas une preuve fondée sur une vérité, sur une ou des études organisées selon un protocole précis. Toutes ces personnes, qui ont contribué à une incitation de la privation de liberté des citoyens, devront répondre de leurs actes. À ce titre, toutes ces personnes pourraient être tenues responsables selon les principes du « CODE DE NUREMBERG, » qui établit les obligations éthiques et juridiques en matière d'expérimentation médicale et de protection des individus.

Le code de NUREMBERG – 1947 :

[Le Code de Nuremberg identifie le consentement éclairé comme préalable absolu à la conduite de recherche mettant en jeu des sujets humains.]

« 1. Le consentement volontaire du sujet humain est absolument essentiel. Cela veut dire que la personne intéressée doit jouir de la capacité légale totale pour consentir : elle doit être laissée libre de décider, sans intervention de quelque élément de force de fraude, de contrainte, de supercherie, de duperie ou d'autres formes de contraintes ou de coercition. Il faut aussi qu'elle soit suffisamment renseignée, et connaisse toute la portée de l'expérience pratiquée sur elle, afin d'être capable de mesurer l'effet de sa décision. Avant que le sujet expérimental accepte, il faut donc le renseigner exactement sur la nature, la durée, et le but de l'expérience, ainsi que sur les méthodes et moyens employés, les dangers et les risques encourus ; et les conséquences pour sa santé ou sa personne, qui

peuvent résulter de sa participation à cette expérience. L'obligation et la responsabilité d'apprécier les conditions dans lesquelles le sujet donne son consentement incombent à la personne qui prend l'initiative et la direction de ces expériences ou qui y travaille. Cette obligation et cette responsabilité s'attachent à cette personne, qui ne peut les transmettre à nulle autre sans être poursuivie.

2. L'expérience doit avoir des résultats pratiques pour le bien de la société impossibles à obtenir par d'autres moyens : elle ne doit pas être pratiquée au hasard et sans nécessité.

3. Les fondements de l'expérience doivent résider dans les résultats d'expériences antérieures faites sur des animaux, et dans la connaissance de la genèse de la maladie ou des questions de l'étude, de façon à justifier par les résultats attendus l'exécution de l'expérience.

4. L'expérience doit être pratiquée de façon à éviter toute souffrance et ou dommage physique et mental, non nécessaires.

5. L'expérience ne doit pas être tentée lorsqu'il y a une raison à priori de croire qu'elle entraînera la mort ou l'invalidité du sujet, à l'exception des cas où les médecins qui font les recherches servent eux-mêmes de sujets à l'expérience.

6. Les risques encourus ne devront jamais excéder l'importance humanitaire du problème que doit résoudre l'expérience envisagée.

7. On doit faire en sorte d'écarter du sujet expérimental toute éventualité, si mince soit-elle, susceptible de provoquer des blessures, l'invalidité ou la mort.

8. Les expériences ne doivent être pratiquées que par des personnes qualifiées. La plus grande aptitude et une extrême attention sont exigées tout au long de l'expérience, de tous ceux qui la dirigent, ou y participent.

9. Le sujet humain doit être libre, pendant l'expérience, de faire interrompre l'expérience, s'il estime avoir atteint le seuil de résistance, mentale ou physique, au-delà duquel il ne peut aller.

10. Le scientifique chargé de l'expérience doit être prêt à l'interrompre à tout moment, s'il a une raison de croire que sa continuation pourrait entraîner des blessures, l'invalidité ou la mort pour le sujet expérimental. »

Interrogeons-nous maintenant sur :

LA CONVENTION EUROPÉENNE.

Des droits de l'Homme, sur les évènements relatifs à la période : Covid-19.

[Le règlement européen numéro 2021/953 du 14 juin 2021, publié au journal officiel le 15 juin 2021, explique clairement que tous les états membres de l'Union Européenne doivent éviter toute forme de discrimination.]

Pourtant, certaines mesures adoptées pendant la pandémie ont eu pour effet de pénaliser les personnes non vaccinées, avec l'obligation de tests PCR quotidiens payants, la restriction d'accès au travail, aux hôpitaux, aux transports publics ou aux activités de loisirs. Ces mesures peuvent être perçues comme une exclusion sociale, une perte de citoyenneté et une atteinte à la vie familiale, assimilable à une forme de coercition ou d'extorsion.

Le droit international et les conventions européennes garantissent que les individus demeurent libres et égaux en droits. La vaccination ne peut être imposée de manière coercitive. Toute décision doit reposer sur un consentement libre et éclairé.

L'Agence européenne des médicaments utilise la notion « d'essai clinique », définie par la directive **2001/20/CE** du Parlement européen et du Conseil du 4 avril 2001 comme :

« *Une investigation menée chez l'homme, afin de déterminer ou de confirmer les effets cliniques, pharmacologiques et/ou les autres effets pharmacodynamiques d'un ou de plusieurs médicaments expérimentaux dans le but de s'assurer de leur innocuité et/ou efficacité* ».

Or, certains vaccins utilisés lors de la campagne initiale présentaient des incertitudes relatives à leur technique spécifique. ARNm ou ADN recombiné. **« Aucune étude de cancérogénicité n'a été réalisée »** pour le vaccin Moderna. **« Aucune étude de génotoxicité ou de cancérogénicité n'a été réalisée »** pour les vaccins Pfizer, AstraZeneca et Johnson & Johnson.

Sur le principe, le fait d'administrer à une personne, avec son autorisation, une substance chimique (vaccin expérimental) efficace pour la soigner d'une maladie ou pour lui éviter une maladie sans effets secondaires à court ou long terme n'est pas interdit par la loi, à condition d'avoir fourni l'intégralité des données pour justifier l'accord.

Chaque personne vaccinée parfaitement éclairée et informée, peut se faire vacciner. Dans le cadre d'un intérêt général et sur la base de document conforme ayant prouvé son efficacité, la vaccination peut être rendue obligatoire.

Ainsi, pour qu'une vaccination obligatoire soit justifiée, elle doit :

- Reposer sur des preuves scientifiques solides et accessibles
- Avoir démontré son efficacité pour protéger la population
- Être accompagnée d'une information complète sur les risques et effets secondaires

Dans le cadre d'une campagne de vaccination massive avec des vaccins expérimentaux à l'époque, le doute sur la pertinence et le bien-fondé de cette stratégie pour protéger la population restait réel.

Pour se défendre, les autorités affirmeront naturellement que chacun était volontaire et donc responsable de sa propre santé, prétendant que les citoyens étaient pleinement informés des possibles effets secondaires.

Pourtant, même si certains documents sont classifiés « secret-défense », il est raisonnable de supposer que les décideurs avaient connaissance de rapports émis par la Haute Autorité de Santé (HAS) et d'autres instances scientifiques. À un moment donné, ils savaient.

À ce jour, certains pays comme le Brunei Darussalam affichent un taux de vaccination complet très élevé (91,84 %), suivis du Chili, du Danemark et du Palaos. Cependant, il est impossible de déterminer avec précision la proportion exacte de personnes vaccinées spécifiquement avec un vaccin à technologie ARNm dans le monde.

À l'avenir, il sera indispensable de mettre en place un suivi rigoureux et indépendant de la santé des populations dans chaque pays, afin de détecter d'éventuelles anomalies pathologiques apparues depuis les campagnes de vaccination.

Ces contrôles devront être menés par des organismes scientifiques neutres, indépendants des laboratoires pharmaceutiques et des pressions politiques, pour garantir la fiabilité des résultats.

L'objectif sera de déterminer, avec transparence et précision, s'il existe un lien causal entre certaines affections et les différents types de vaccins administrés.

Ces investigations internationales devront être accompagnées de rapports publics, accessibles à tous, permettant de rétablir la confiance et de prévenir toute dissimulation de données.

Si les chiffres de vaccination communiqués par les États sont exacts, alors, en cas de nouvelle crise sanitaire ou de drame de santé publique, il sera essentiel de comparer les effets selon le type de vaccin, le nombre de doses, l'âge des patients, et les antécédents médicaux.

Cette approche permettra d'identifier les causes réelles d'éventuelles complications, et surtout d'établir, sans ambiguïté, la responsabilité des laboratoires, des autorités sanitaires et des décideurs politiques.

Le tableau ci-après présente la part supposée de la population entièrement vaccinée contre la Covid-19 par pays au 18 janvier 2022 (source : Statista), et servira de point de départ pour une analyse comparative des effets observés à l'échelle mondiale.

Brunei Darussalam	91,84%	Vietnam	72,46%	Anguilla	61,87%
Chili	87,57%	Allemagne	71,92%	Samoa	61,85%
Danemark	87,35%	Chypre	71,8%	États-Unis d'Amériques	61,55%
Palaos	87,04%	Tokélaou	71,7%	Hongrie	61,18%
Cuba	86,12%	Niué	71,08%	Antigua-et-Barbuda	60,73%
Corée du Sud	83,93%	L'Autriche	70,88%	Estonie	60,33%
Portugal	82,72%	Costa Rica	70,56%	Tonga	60,25%
Chine	82,59%	Pays-Bas	70,51%	Monaco	59,39%
Malte	82,44%	Royaume-Uni	70,11%	Colombie	58,09%
Cambodge	81,84%	Luxembourg	70%	Mexique	57,78%
Singapour	80,72%	Bahreïn	69,83%	Oman	57,5%
Nouvelle-Zélande	80,28%	Suède	69,64%	Samoa américaines	57,3
Seychelles	79,58%	Israël	69,24%	Slovénie	57,05%
Japon	78,55%	Pérou	68,33%	Pologne	56,07%
Malaisie	78,31%	Fidji	68,22%	Croatie	53,31%
Canada	78,09%	Maldives	68,12%	Turkménistan	53,16%
Australie	78,03%	Brésil	68,12%	Rép Dominicaine	52,89%
Irlande	77,48%	Nauru	67,97%	Tunisie	51,68%
Islande	77,38%	Andorre	67,46%	Belize	50,64%
Uruguay	77,23%	Arabie Saoudite	67,44%	Barbade	50,58%
Belgique	76,48%	Grèce	66,61%	Tuvalu	49,9%
Koweït	75,83%	Lituanie	66,23%	St-Christophe-et-Névès	48,56%
Espagne	71,38%	Thaïlande	66,15%	Trinité-et-Tobago	48,44%
Finlande	75,25%	Mongolie	66,07%	Slovaquie	48,37%
France	74,72%	Panama	65,57%	Cap-Vert	48,21%
Aruba	74,32%	Suisse	64,93%	Nicaragua	47,4%
Italie	74,3%	Sri Lanka	64,74%	Philippines	47,14%
Bhoutan	73,74%	Le Salvador	64,05%	Kazakhstan	46,65%
Équateur	73,64%	Lettonie	63,94%	Serbie	46,48%
Norvège	73,5%	Iran	63,23%	Inde	46,46%
Argentine	73,42%	Tchéquie	62,65%	Azerbaïdjan	44,64%
Bermudes	73,34%	Maroc	62,6%	Honduras	44,24%

Pays	%	Pays	%	Pays	%
Botswana	43,97%	Liban	29,86%	Guinée	9,85%
Russie	43,58%	Comores	28,31%	Gambie	9,75%
Kosovo	43,46%	Bulgarie	28,06%	Gabon	9,61%
Indonésie	43,01%	Sao Tomé et Principe	28,02%	Îles Salomon	9,6%
Paraguay	42,69%	Afrique du Sud	27,67%	Ghana	9,39%
Laos	42,6%	Eswatini	27,5%	Côte d'Ivoire	8,7%
Rwanda	41,96%	Guatemala	27,48%	Kenya	8,53%
Bolivie	41,85%	Sainte-Lucie	27,34%	Djibouti	8,18%
Timor oriental	41,81%	Géorgie	25,73%	Sénégal	5,75%
Roumanie	4083%	République de Moldavie	24,36%	Somalie	5,46%
Venezuela	40,82%	Égypte	24,27%	Syrie	5,05%
Jordan	40,33%	St-Vincent / Grenadines	24,24%	Sierra Leone	4,83%
Dominique	39,83%	Arménie	23,97%	Niger	4,17%
Monténégro	39,8%	Mozambique	23,64%	Ouganda	3,96%
Suriname	39,35%	Bosnie Herzégovine	21,97%	Burkina Faso	3,69%
Macédoine du Nord	39,34%	Zimbabwe	21,7%	Malawi	3,59%
Népal	38,91%	Mauritanie	20,56%	Zambie	3,55%
Guyane	38,39%	Jamaïque	19,91%	Éthiopie	3,5%
Bahamas	38,24%	Libéria	19,51%	Soudan	3,15%
Îles Marshall	37,89%	Vanuatu	16,41%	Mali	2,9%
Biélorussie	37,79%	Kirghizistan	15,25%	Madagascar	2,77%
Micronésie	37,59%	Irak	15,14%	Tanzanie	2,76%
Albanie	37,21%	Guinée Équatoriale	14,5%	Papouasie Nouvelle Guinée	2,55%
Pakistan	35,01%	Libye	13,68%	Cameroun	2,5%
Lesotho	34,34%	Namibie	13,54%	Nigeria	2,43%
Kiribati	33,93%	Algérie	13,14%	Soudan du sud	1,85%
Bengladesh	33,5%	Angola	13,11%	Guinée-Bissau	1,22%
Grenade	32,29%	Aller	12,76%	Yémen	1%
Ukraine	31,27%	Bénin	11,73%	Haïti	0,68%
Ouzbékistan	30,88%	Congo	10,58%	Tchad	0,67%
Birmanie	30,5%	Rép centrafricaine	10,16%	Burundi	0,05%
Tadjikistan	30,36%	Afghanistan	9,85%		

- Et si ce virus n'était qu'un prétexte ?
- Et si ce virus n'était qu'une passerelle pour un autre projet ?
- Et si ce virus n'avait pas été suffisamment « efficace » pour obtenir les objectifs escomptés ?
- Et si le prochain virus devait, lui, réussir là où celui-ci a échoué ?

Il est cependant crucial de tirer des leçons de cette expérience. Les erreurs commises ne doivent plus jamais se répéter. Notre naïveté collective face aux événements vécus doit servir d'exemple afin de prévenir toute manipulation future.

Si une nouvelle pandémie devait survenir, il est essentiel que nos dirigeants soient vigilants, attentifs et qu'ils agissent dans l'intérêt du peuple souverain, plutôt que pour des intérêts personnels ou corporatifs.

« <u>En aucun cas, nos dirigeants ne doivent trahir ou manipuler la population comme cela a pu se produire.</u> »

CHAPITRE V

Les Mécanismes de la Servitude Volontaire.

I. L'Héritage d'Étienne de La Boétie : Le Mystère de l'Obéissance

Pour comprendre l'anesthésie collective qui a saisi la France lors de la crise sanitaire, il faut revenir à une œuvre fondamentale écrite il y a près de cinq siècles : *Le Discours de la Servitude Volontaire*. Étienne de La Boétie y pose une question qui semble avoir été écrite pour notre époque. Comment est-il possible que des millions d'individus, des villes entières, des nations, se soumettent parfois à un seul homme ou à un seul système, qui ne les traite pas comme des citoyens, mais comme des sujets, voire comme des esclaves ?

La Boétie nous offre une clé de lecture foudroyante. La tyrannie ne repose pas sur la force du tyran, mais sur l'acceptation de ceux qui lui obéissent. Le pouvoir n'a pas besoin de nous enchaîner physiquement si nous acceptons de tenir nous-mêmes les chaînes. Durant la crise de la Covid-19, nous avons assisté à une version moderne, technologique et médicale de cette servitude. Le gouvernement n'a pas eu besoin de placer un policier derrière chaque Français pour vérifier le port du masque en forêt ou l'attestation de sortie à 20h. Il a suffi de convaincre la population que l'obéissance était une vertu civique et que la désobéissance était un crime contre autrui.

Cette servitude volontaire s'est installée par l'habitude. La Boétie expliquait que la première raison pour laquelle les hommes servent volontairement, c'est qu'ils naissent dans l'obéissance et sont nourris comme tels. Nous avons été nourris, pendant des décennies, dans l'idée que l'État est une entité protectrice, un « État-Providence » qui ne peut nous vouloir que du bien. Lorsque cet État a soudainement pris des mesures perçues comme liberticides, le logiciel mental de la majorité des citoyens n'a pas pu identifier la menace. Ils ont vu un père protecteur là où certains analystes ont vu un gestionnaire de crise autoritaire.

Le Grand Sommeil, c'est ce moment précis où l'individu cesse de se demander : « Cette règle est-elle juste ? » pour se demander uniquement : « Comment puis-je m'y conformer pour ne pas avoir d'ennuis ? ». C'est l'abdication de la conscience au profit de la tranquillité.

II. L'Ingénierie Sociale ou « L'Art de Modeler les Esprits »

Le passage de la liberté à la servitude ne se fait pas brutalement. Il utilise une science invisible. L'ingénierie sociale. Ce terme, souvent galvaudé, désigne l'ensemble des techniques utilisées pour influencer les attitudes et les comportements sociaux à grande échelle pour atteindre des objectifs précis, qu'ils soient politiques, économiques ou sanitaires.

Dans le cadre de « La Manipulation Française », certains experts en communication et médias ont utilisé des leviers d'influence psychologique pour orienter les comportements collectifs.

1. La Saturation de l'Espace Mental.

Pendant des mois, chaque écran, chaque radio, chaque affiche dans la rue a relayé de manière répétée le même message principal sur la pandémie. Cette saturation crée une « monomanie collective ». Lorsque l'esprit humain est bombardé d'un seul sujet, il perd sa capacité de mise en perspective. Le monde entier a été réduit à un virus. Les guerres, la faim, l'économie et la culture, tout a été effacé pour un temps. Cette focalisation extrême permet de justifier des mesures que personne n'aurait acceptées en temps normal. On crée un « tunnel de réalité » dont le gouvernement tient la sortie.

2. La Technique du Choc et de la Réponse

Inspirée des travaux de Naomi Klein sur la « Stratégie du Choc », cette méthode consiste à profiter d'une crise (ou à l'amplifier) pour introduire rapidement des mesures que la population pourrait contester en temps normal. Le choc de l'annonce du confinement, les images de morgues improvisées en Italie, les sirènes d'ambulances hurlant dans le silence des villes désertes, tout cela a servi à briser les résistances psychologiques. Dans cet état de choc, le cerveau humain régresse. Il cherche un leader, un sauveur. Le pouvoir n'a plus qu'à proposer ses solutions (même les plus contraignantes) pour qu'elles soient accueillies comme des bénédictions.

3. Le Storytelling de l'Héroïsme et de la Trahison
Pour souder une foule, il faut un ennemi commun. L'ingénierie sociale a fortement déplacé l'attention vers un nouvel ennemi. Le virus, invisible et insaisissable, est vite devenu secondaire face à la désignation de boucs émissaires. C'était le « non-vacciné », le « sans-masque », le « complotiste ». On a créé une narration où l'obéissant était un héros sauvant des vies, et le sceptique un traître à la patrie. Cette manipulation émotionnelle est d'une efficacité redoutable car elle s'appuie sur le besoin fondamental d'appartenance de l'être humain.

En comprenant ces mécanismes, on réalise que le consentement n'a pas toujours été donné librement. Il semble avoir été orienté par les stratégies de communication de l'Élysée et l'influence de cabinets de conseil internationaux comme McKinsey, dont le rôle a été documenté par plusieurs rapports parlementaires. Le peuple n'a pas choisi de dormir. On l'a hypnotisé par une mise en scène macabre et incessante.

III. La Psychologie des Foules et l'Idolâtrie de l'Expert

Pour comprendre pourquoi la raison a déserté le débat public, il faut se replonger dans les travaux de

Gustave Le Bon. Dans son ouvrage séminal *Psychologie des foules*, il explique que la foule n'est pas une simple addition d'individus, mais une entité psychologique nouvelle. Une fois immergé dans la masse, l'individu perd ses facultés d'analyse. Il devient crédule, mobile, et surtout, il est guidé par des images et des affirmations simples, jamais par des raisonnements logiques.

Dans la manipulation française que nous décrivons, le pouvoir a créé une « foule virtuelle » par le biais des médias. Le citoyen, isolé chez lui par le confinement mais connecté en permanence aux chaînes d'information, s'est retrouvé intégré à une masse psychologique mondiale. Dans cet état, l'esprit ne cherche plus la vérité, il cherche une direction.

C'est ici qu'entre en scène la figure de l'Expert. Pour asseoir sa domination, le politique s'est effacé derrière une « autorité scientifique » incontestable. Nous avons assisté à une véritable mise en scène religieuse :

- **Le décorum :** Les plateaux télévisés transformés en tribunaux de la pensée unique.

- **Le clergé :** Une poignée de médecins et de modélisateurs, souvent plus présents sur les réseaux sociaux que dans les laboratoires, devenus les seuls autorisés à dire le « vrai ».

- **L'excommunication :** Quiconque, même avec un CV long comme le bras, osait contester la doxa (comme certains éminents infectiologues ou prix Nobel) était immédiatement marqué du sceau de l'infamie, traité de « charlatan » ou de « complotiste ».

L'individu « endormi » n'a pas toujours décelé les potentiels liens d'intérêts pouvant exister derrière certains discours. Il n'a pas vu que la science, qui est par essence le domaine du doute, était ici utilisée comme un dogme. En période de peur intense, l'Expert devient un substitut du père. Il rassure par ses certitudes, même si celles-ci changent tous les quinze jours (sur les masques, sur la transmission et sur l'immunité). L'important n'était pas la cohérence du propos, mais l'assurance avec laquelle il était délivré.

IV. Le Conformisme de Groupe : Le Paradoxe de l'Ostracisme

Pourquoi tant de gens ont-ils accepté des mesures dont ils sentaient pourtant l'absurdité ? Pourquoi avoir accepté de scanner un code QR pour prendre un café ou pour aller voir un proche mourant à l'hôpital ? La réponse tient en un mot : **Conformisme**.

L'être humain possède un instinct grégaire profond. Dans l'évolution, être exclu de la tribu signifiait la mort. Aujourd'hui, cette peur de l'exclusion reste gravée dans notre cerveau limbique. L'expérience de Solomon Asch sur la perception visuelle, a prouvé que nous sommes prêts à nier l'évidence de nos propres yeux pour ne pas être en désaccord avec la majorité.

Le Pass Sanitaire (puis vaccinal) a été le chef-d'œuvre de cette ingénierie du conformisme. Aux yeux de nombreux observateurs critiques, il ne s'agissait plus d'un outil médical, mais d'un outil de tri social. Le système a créé deux classes de citoyens :

1. **Les « In »** : Ceux qui ont obtempéré, gratifiés de la liberté de consommer et de circuler.

2. **Les « Out »** : Les récalcitrants, privés de vie sociale, de travail, et désignés à la vindicte populaire.

Le génie redoutable de cette mesure fut de transformer chaque citoyen en contrôleur de son prochain. Le restaurateur contrôlait son client, le collègue surveillait son collègue. Le conformisme est devenu une arme de surveillance mutuelle. L'individu endormi a préféré se faire injecter un produit dont il ne connaissait pas toutes les spécificités, plutôt que de subir le regard accusateur de la société ou de perdre son statut social. Le confort de l'appartenance l'a emporté sur la prudence sanitaire.

C'est ainsi que la servitude est devenue « volontaire ». On n'avait plus besoin de forcer les gens, on les rendait simplement misérables et isolés s'ils ne suivaient pas la marche. La peur d'être seul contre tous est souvent plus puissante que la peur d'un effet secondaire médical.

V. La Peur : Le Grand Anesthésiant du Néocortex

La peur n'est pas seulement un sentiment désagréable. C'est un outil biologique de manipulation. Pour comprendre comment une population entière a pu accepter l'inacceptable, il faut s'intéresser à ce qui se passe dans le cerveau humain lorsqu'il est soumis à un stress chronique.

Notre cerveau est structuré en plusieurs couches. Le **néocortex** est le siège de la logique, de l'analyse et de la réflexion à long terme. C'est lui qui nous permet de dire : « Attendez, cette mesure est contradictoire ». En dessous, nous avons le **système limbique** (les émotions) et le **cerveau reptilien** (la survie immédiate).

Lorsque le pouvoir et les médias ont instauré un climat de terreur quotidienne par le biais des décomptes macabres, des images de cercueils et de la menace permanente d'une mort imminente pour soi ou ses proches, ils ont provoqué ce que certains neuroscientifiques apparentent à un « court-circuit » biologique. En état de peur intense, le néocortex peut s'effacer au profit du cerveau reptilien. L'individu ne réfléchit plus, il réagit. Il ne cherche plus la vérité, il cherche la sécurité.

C'est cette anesthésie de la pensée qui explique pourquoi tant de gens n'ont pas relevé les incohérences apparentes du discours officiel. Pourquoi le virus s'arrêterait-il à la porte d'un restaurant mais pas d'un supermarché ? Pourquoi un masque en tissu était-il inutile le lundi et obligatoire le mardi ? Pour un esprit éveillé, ces contradictions sautent aux yeux. Pour un esprit terrorisé, elles n'existent pas. Seule compte la parole de celui qui promet la fin du cauchemar. La peur a transformé les citoyens en enfants attendant tout d'un État-Père, acceptant de troquer leur liberté contre une promesse de protection, même si cette protection s'avérait parfois illusoire.

VI. La Narration Unique : L'Écran de Fumée Médiatique

Dans cette manipulation de grande ampleur, on peut estimer que les médias de masse n'ont pas joué leur rôle de contre-pouvoir. Ils ont été les haut-parleurs du discours officiel. Pour que le « Grand Sommeil » soit total, il fallait qu'aucune voix discordante ne vienne briser l'hypnose.

On a assisté à une homogénéisation du discours sans précédent. Que vous allumiez la chaîne A ou la chaîne B, que vous lisiez le journal X ou le journal Y, la narration était strictement la même. Cette technique, appelée **« la répétition du même »**, finit par créer une réalité artificielle. Si tout le monde dit la même chose en même temps, cela devient la vérité, peu importent les preuves scientifiques contraires.

Le rôle des réseaux sociaux a été tout aussi crucial dans ce verrouillage de la pensée. Sous couvert de lutte contre la « désinformation », les algorithmes ont été réglés pour masquer les études dérangeantes, les témoignages sur les effets secondaires ou les analyses critiques d'experts indépendants. Cette forme de censure numérique a créé des « chambres d'écho » où l'individu endormi n'était jamais confronté à un avis divergent.

Ceux qui tentaient de briser cet écran de fumée étaient immédiatement discrédités par des « fact-checkers » dont l'indépendance a parfois été remise en question. On ne débattait plus sur le fond des arguments, on s'attaquait à la personne. On ne disait pas : « Votre étude est fausse pour telle raison », on disait : « Vous êtes un complotiste d'extrême-droite ». Cette violence symbolique a servi de leçon à tous ceux qui auraient eu l'audace de se réveiller. Le prix du réveil était le lynchage médiatique.

Le Grand Sommeil a ainsi été entretenu par un flux constant d'images et de sons qui ont remplacé la réalité. L'écran est devenu le monde, et le monde est devenu ce que l'écran en disait.

VII. La Destruction du Lien Social : Diviser pour Mieux Régner

L'un des piliers du « Grand Sommeil » a été la fragmentation méthodique de la cellule sociale. Pour qu'une population ne puisse pas se révolter contre une situation perçue comme une manipulation évidente, il faut qu'elle cesse de communiquer, de se faire confiance et de s'unir.

Le pouvoir a utilisé une arme redoutable : « la culpabilisation ». En transformant le voisin, l'ami ou le membre de la famille en un vecteur potentiel de danger, le système a fortement fragilisé la solidarité naturelle. On a vu émerger des comportements de délation, une valorisation de la méfiance et l'instauration d'une forme de « puritanisme sanitaire ». L'individu endormi est parfois devenu le censeur de son prochain.

Cette rupture du lien a été accentuée par l'usage du masque et de la distanciation, qui ont supprimé les signaux non-verbaux essentiels à l'empathie humaine. Un peuple qui ne voit plus les visages de ses semblables est un peuple qui risque de s'individualiser à l'extrême. Isolé dans sa peur, l'individu est beaucoup plus vulnérable aux injonctions de l'État. La foule, au lieu d'être une force de résistance, est devenue pour certains une somme de solitudes terrorisées, chacune cherchant à prouver sa « pureté » en dénonçant l'autre. C'est le triomphe de la gestion par le chaos relationnel.

VIII. Le Réveil : Un Acte de Résistance Radicale

Sortir du « Grand Sommeil » n'est pas un processus confortable. C'est une décompression douloureuse qui demande de s'extraire de l'hypnose collective pour affronter une réalité brutale. Celle d'avoir été déçu par les institutions censées nous protéger.

Le réveil commence par la réappropriation du doute. Douter n'est pas nier, c'est exiger des preuves. C'est refuser de croire que l'autorité détient la vérité absolue. Dans cette « manipulation française », l'éveil a été le fait de ceux qui ont conservé leur système immunitaire intellectuel. Ils ont refusé de déléguer leur santé et leur conscience à des algorithmes ou à des décideurs dont les intérêts pouvaient diverger des leurs.

Cet éveil est un acte de résistance car il brise l'unanimité factice. Un seul individu qui se réveille dans une salle de cinéma où tout le monde dort peut, par sa simple présence, semer le doute chez les autres. C'est pourquoi le système est souvent si prompt à disqualifier les voix dissidentes. Elles sont les sentinelles qui rappellent que le rêve (ou plutôt le cauchemar) n'est qu'une construction sociale et politique.

IX. Conclusion : La Vigilance comme Nouveau Contrat Social

Ce Tome 2 de « NE ME CROYEZ PAS ! » n'a pas seulement pour but de dénoncer les faits, mais de vous donner les outils pour identifier la prochaine manipulation. Car le mécanisme de la servitude volontaire ne s'arrête jamais. Il change simplement de forme. Hier c'était une crise sanitaire, demain ce sera une crise climatique, énergétique ou monétaire. Et les ressorts restent les mêmes. La peur, la saturation médiatique, les interventions d'experts médiatiques récurrents et la stigmatisation des sceptiques.

La morale de cette histoire, c'est que la liberté ne se donne pas, elle se défend chaque jour. Ceux qui ont eu raison d'être méfiants, ceux qui ont cherché à comprendre la composition exacte des produits ou la réalité des chiffres, ont prouvé que la raison humaine peut encore triompher de l'ingénierie sociale.

Ne vous rendormez pas. Ne laissez personne vous dire que vous êtes « fou » ou « dangereux » parce que vous posez des questions. La véritable folie est de suivre un troupeau vers le précipice simplement parce que le mouvement est rassurant.

Restez éveillés, restez critiques, et surtout... NE ME CROYEZ PAS. Vérifiez par vous-mêmes. La vérité n'est pas à la télévision, elle est dans votre capacité à regarder le monde sans filtre.

FIN

Table des matières

Information 5

QR Code / Adresse du site dédié 6

Avant-propos 9

Chapitre I
Le Commencement 11

Chapitre II
Une Organisation Improvisée 71

Chapitre III
Une Continuité Machiavélique 125

Chapitre IV
Les Irresponsables 165

Chapitre V
Les Mécanismes de la Servitude Volontaire 219

Table des matières 235

REMERCIEMENTS 237

Ouvrages de la collection et + ... 238

REMERCIEMENTS

Chères Lectrices, Chères Lecteurs, Chers Amis.

Quel plaisir de vous retrouver.
Je dois vous avouer que d'écrire pour vous informer sur les réalités de notre monde demande une exigence constante. Alors que les histoires imaginaires saturent les rayons, faire entendre une voix basée sur l'analyse n'est pas une chose aisée. En choisissant de lire ce **Tome 2,** vous confirmez l'intérêt que vous portez à cette quête de vérité, et je vous en remercie du fond du cœur.

Votre assiduité est mon moteur. Si certains Tomes vous manquent encore, n'hésitez pas à compléter votre lecture pour saisir l'ensemble de ma démarche. Vous y découvrirez des rouages souvent occultés. À mes yeux, votre fidélité est une force. Elle me permet de continuer à identifier les menaces qui pèsent sur notre équilibre social.

Merci de m'accorder votre temps et votre confiance. N'oubliez pas de diffuser vos impressions autour de vous. Votre voix est ma meilleure alliée.

VOUS AVEZ AIMÉ CE LIVRE ?

Vous aimerez également les autres ouvrages de l'Auteur : **PATRICK LALEVÉE**

Tome 1 : Liberté, Surpopulation et Décadence 2020-2120.

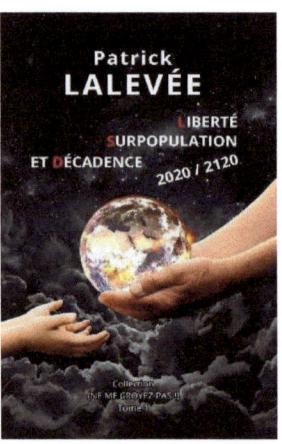

Tome 3 : Justice, l'Intérêt d'un Ordre Mondial.

Tome 4 : Des Règles pour un Monde Meilleur.

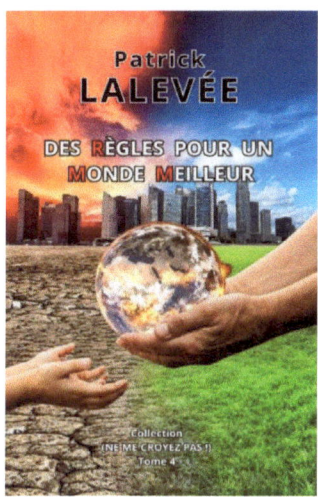

PROLONGEZ L'EXPÉRIENCE EN LIGNE

Mon travail de recherche ne s'arrête pas aux pages des livres de la collection « **NE ME CROYEZ PAS !** ». D'autres ouvrages sont à votre disposition sur le site :

patricklalevee.com

Vous y trouverez d'autres thématiques bien différentes, avec des liens vers des vidéos exclusives, des documents et les images sources de mes enquêtes pour porter un autre regard sur l'actualité mondiale.